KB107399

IJS 서울대학교 일본연구소
Reading Japan 17

일본의 혐한파는 무엇을 주장하는가

日本の嫌韓派は何を主張しているのか

저 자 : 오구라 기조(小倉紀蔵)
역 자 : 한정선

본 저서는 정부(교육과학기술부)의 재원으로 한국연구재단의 지원을 받아 출판되었음(NRF-2008-362-B00006).

책을 내면서

서울대 일본연구소는 국내외 저명한 연구자와 다양한 분야의 전문가를 초청하여 각종 강연회와 연구회를 개최하고 있습니다. 〈리딩재팬〉은 그 성과를 정리하고 기록한 시리즈입니다.

〈리딩재팬〉은 현대 일본의 정치, 외교, 경영, 경제, 역사, 사회, 문화 등에 걸친 현재적 쟁점들을 글로벌한 문제의식 속에서 알기 쉽게 풀어내고자 노력합니다. 일본연구의 다양한 주제를 확산시키고, 사회적 소통을 넓혀나가는 자리에 〈리딩재팬〉이 함께하겠습니다.

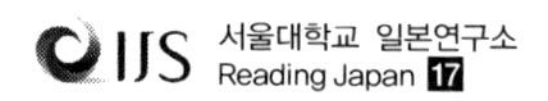
IJS
서울대학교 일본연구소
Reading Japan 17

차 례

| 책을 내면서 | 3

| 강연록 | 일본의 혐한파는 무엇을 주장하는가 7

1. '혐한'하는 사람들 9
2. '혐한'의 역사 17
3. '혐한'의 배경 29
4. 보통(일반시민) '혐한'파의 한국 인식 44
5. 맺으며 63

| 질의응답 | 67

| 講演録 | 日本の嫌韓派は何を主張しているのか —— 79
1. 「嫌韓」する人びと 81
2. 「嫌韓」の歴史 89
3. 「嫌韓」の背景 102
4. ふつうの(一般市民の)「嫌韓」派の韓国認識 119
5. 終わりに 140

강연록

'혐한'이라는 현상은, 그것이 형성된 배경도 주장하는 내용도 다양하고 복잡하다. 다만 이것이 '전후 일본'이라는 체제에 대한 안티테제적 성격을 가지는 것은 분명하다. 고로 '혐한'이 현재 아베 신조 정권과 친화성이 있는 것은 사실이지만, 그런 이유로 단순하게 이를 '보수 반동'으로 규정하는 것은 옳지 않다. 아베 신조 정권의 지지자도 '혐한'파도, 자신들은 '전후 일본'이라는 허위로 가득 찬 체제를 변혁하는 혁신자라고 생각하고 있다.

강연록

일본의 혐한파는 무엇을 주장하는가

오구라 기조
(小倉紀蔵)

1. '혐한'하는 사람들

1.1. '혐한'과 '헤이트 스피치(Hate Speech)'

먼저, 우리가 반드시 인식해야 할 중요한 사실은 '혐한'파와 '헤이트 스피치(Hate Speech)'를 하는 세력이 다르다는 것이다. 이것은 일본에서도 자주 혼동된다. 한국에는 애초에 '혐한'파와 '헤이트 스피치'파에 대한 구별이 거의 없지 않을까 싶다. 대략적으로 말하면 다수의 '혐한'파 중에 극히 소수의 '헤이트 스피치'파가 부분 집합으로 포함되어 있는 셈인데, 물론 온건한 '혐한'파는 '헤이트 스피치'파에 전혀 찬동하지 않고, 그런 의미에서 보자면 양자는 배타적인 관계이기도 하다.

헤이트 스피치를 하는 사람들은 <재특회>라는 그룹을 대표로 하는 세력이다. <재특회(정식 명칭 '재일특권을 허용하지 않는 시민 모임(在日特権を許さない市民の会)')>는 2007년에 결성되었고, 2014년까지 회장직을 맡아 과격한 언동을 주도한 사람으로 사쿠라이 마코토(桜井誠)가 있었다.

<재특회>는 공공연하게, 노골적으로, 큰 소리로 한국을 규탄하는 확신범(確信犯)들에 가깝지만, 대다수의 '사일런트 코리아 포비아'는 사적인 공간에서, 애매하게, 조용히, 조바심을 내며 한국을 혐오한다. <재특회>의 활동(헤이트 스피치)은 일본의 법정에서 유죄 판결 및 배상금 지불 명령[1])을 받았고, 이 활동을 지지하는 일본인은 극소수다.

이 글에서는 일본 내의 소수파인 '헤이트 스피치'파가

---

1) 교토의 조선초급학교를 향한 <재특회>의 헤이트 스피치에 관한 재판 결과, 교토지방재판소는 2013년 10월, <재특회>의 가두선전 활동이 인종차별에 해당한다고 했고, 학교 반경 200미터 이내에서는 가두선전을 금지시켰으며 약 1200만 엔의 배상금을 내라고 했다. 그 후 2심 오사카고등재판소도 1심의 판결을 지지했고, 2014년 12월에 최고재판소가 <재특회>의 상고를 기각하여 최고판결이 결정되었다.

아니라, 보다 다수파인 온건한 '혐한'파에 초점을 맞추어 서술할 생각이다. 과격한 헤이트 스피치는 물론 일본 사회의 치부이고, 이 문제를 결코 경시해서는 안 되지만, 여기에 초점을 맞추다 보면 보다 다수의 온건한 '혐한'파의 중요한 논점을 놓치게 된다.

온건한 '혐한'파의 논점에는 중요한 두 가지 축이 존재한다. 하나는 물론 '한국을 향한 비판'이다. 그런데 또 하나의 논점도 중요하다. 그것은 '전후 일본의 헤게모니에 대한 도전'이다. '전후 일본'이라는 시공간의 기만성에 대한 이의 제기를 '혐한'이라는 이슈와 동일화해서 일본 사회에 호소하고 있다고 볼 수 있다. 즉 '혐한'파는 '전후 일본'에 대한 총체적인 대항의 축을 구축하려고 하는 것이다.

그들의 주장은 이렇다. "전후 일본은 실질적으로는 좌익 내지 리버럴 국가였다. 도리어 지나친 리버럴이었다. 그 틀 속에서 조선 반도는 지나치게 '성역화'되었다. 1970년대까지는 조일 우호, 1980년 이후는 한일 우호가 절대적인 규정이 되었다. 그것을 비판하는 사람이나 세력은 도덕적으로 문제가 있는 사람이라는 낙인이 찍혀 사회적으로 배제되는 압력까지 받았다. 이 불합리함을 해소하지 않고서는 일본은 '보통 국가'가 될 수 없다."

이 논조가 아베 신조 정권의 '보통 국가' 지향과 맞물려 힘을 얻고 있다고 봐도 좋을 것이다. 이들의 관점에 따르면 전후 일본의 자민당 장기 집권의 의미는 '리버럴한 사이비 보수'에 의한 통치였다는 것이다. 자민당 주류는 리버럴이었기 때문에 진정한 보수 비주류(청화회 계열)가 정권을 장악하는 것은 '극우화'가 아니라 '보통의 보수화'라는 논리이자 심리다.

또 '혐한'파의 한국 비판이 '북한 비난'과는 차이가 있다는 점을 이해하는 것도 중요하다. 2002년부터 현저해진 '북한 비난'[2)]도 역시 '전후 일본의 헤게모니'에 대한 도전이었다. 왜냐하면, 올드한 좌익은 1960년대부터 1980년대에 북한을 심하게 찬양했기 때문이다. 그러나 '북한 비난'은 북한을 '독재, 무법, 공포 정치, 이해 불가, 경제 파탄, 실패 국가'로 보고 있는 데 반해서 '혐한'파의 대부분은 한국을 '성공한 승리자, 비겁한 승리자, 신용할 수 없는 상대, 이제는 대등한 상대'로 보고 있다.[3)] 이 점에서 '혐한'은

2) 2002년 9월 고이즈미 준이치로 수상이 북한을 방문한 후, 납치 문제를 둘러싸고 일본 내에서 격렬한 북한 비판이 10여 년 동안 전개되었다.

3) 물론 모든 '혐한'파가 한국을 승리자로 보는 것은 아니다. 그러나 그들이 말하는 "한국은 몰락한다", "한국은 애초에 실패 국가" 등과 같은 언설에는 무의식적으로 한국이 이 이상 커지는 것에 대한 공포, 혐오가 개재되어 있다고 생각된다. 그러나 그 '무의식'

조선 민족(북한과 한국을 포함) 전체에 대한 혐오감이라는 측면을 가지는 동시에 '북한이 아닌 한국'을 변별적으로 혐오하는 측면도 가진다.

앞서 서술한 대로 '헤이트 스피치'파(〈재특회〉)와 일반적인 '혐한'파는 다르다. 그런데 〈재특회〉의 데모에는 당초 〈재특회〉와는 관계가 없는 보통 사람들, 가족, 유모차에 아이를 태운 어머니도 참가했다. 이것이 세간의 이목을 집중시켰다. 왜 저렇게 격렬하게 타자를 공격하는 데모에 지극히 평범한 일반시민들도 참가하는가? 그 이유는 데모 참가자들이 한국에 대한 기본적인 지식을 갖고 있지 않았고, 〈재특회〉의 주장에 쉽게 설득됐기 때문이다. "이렇게 심한 이웃 나라가 또 있을까. 재일 한국인·조선인은 이렇게나 무절제하게 일본 사회에 기생하고 있단 말인가."라는 비교적 소박한 놀라움이 사람들을 데모로 향하게 했다. 이 사람들은 또 "우리는 일본인이다. 따라서 정확하고 제대로 된 사람들이다."라고 인식하고, "그에 비해서 한국·북한·재일의 사람들은 몹시 수준이 낮다."라고 인식하고 있다.

의 부분을 '혐한'파는 부정할 것이다.

1.2. 〈재특회〉의 주장

이 글에서 〈재특회〉를 상세하게 서술하지는 않지만, 그들이 주장하는 '재일 특권'이라는 것이 어떤 것인지 알아두는 것은 중요하다. 〈재특회〉의 안건은 교묘하게 세팅되어 있어서 재일 한국인·조선인의 실태를 잘 모르는 보통의 일본인들을 놀라게 하는 데 성공했다("재일 한국인·조선인이 그렇게 특권을 받고 있었다니, 괘씸하다"). 다음은 〈재특회〉가 주장하는 주요 내용이다.

① 특별 영주 자격

무엇보다 중대한 문제로 인식된 것이 '특별 영주 자격'이다. 1991년 〈출입국관리특례법〉에 의해 재일 한국인·조선인에게 특별 영주 자격이 주어졌다. 이에 대해 〈재특회〉 측은 "강제연행의 피해자이기 때문에 특별 영주 자격을 받는 것은 당연하다는 재일 측의 주장은 거짓"이라고 반박한다. 그러나 일본 정부의 공식적인 견해는 "특별 영주 자격은 특권이 아니다.", "역사적인 경위와 일본에서의 정착성을 고려한 배려다."(법무성 입국관리국)라는 것이다. 이 문제에 관해서는 "어떤 시점에서 통상적인 외국인과 동일한 영주 제도를 적용할 필요가 있다."라고 한 하시모토 도오루(橋下徹) 오사카 시장의 견해도 어느 정도 설득력을 가진다.

② 생활 보호

다음은 생활 보호 문제다. 〈재특회〉는 "재일 한국인·조선인에 대한 생활 보호 급부율이 높다. 이것은 특권이다."라고 주장하고 있다. 일본 정부의 견해는 "생활 보호는 국적으로 수급을 판단하지 않는다."(후생 노동성)라는 것이다.

③ 연금

연금 문제에 관해서 〈재특회〉는 "재일은 수급 자격이 없음에도 불구하고 연금을 받고 있다."라는 주장을 펴고 있다.

④ 본명 감추기

'본명 감추기'의 문제도 있다. 이것은 〈재특회〉뿐만 아니라 일반 '혐한파'도 "『아사히신문』 등의 주류 미디어는 재일 한국인·조선인이 범죄 피의자가 되어도 본명을 보도하지 않고 통명(通名)으로 보도한다."라고 주장하거나, 그렇게 생각하고 있다.

일본에서 흉악한 범죄가 일어나면 반드시 인터넷상

에는 "죵(チョン)이 한 짓 아니냐?"라는 댓글이 있다. '죵'은 한국인·조선인을 일컫는 오래된 멸칭(蔑稱)이다. 일본 미디어는 재일 한국인·조선인의 경우, 체포된 시점에서는 통명으로 보도하는 경우가 많다. 체포자의 이름이 공표되면 바로 인터넷상에 성과 이름이 "한국인의 이름에서 많이 쓰는 글자다."라든가 "재일 한국인·조선인에게 많은 이름이다."라는 등의 추측성 댓글이 나온다. 그중에는 물론 잘못된 지식에 기초한 황당무계한 추측도 포함되어 있다.

⑤ 범죄율

④의 배경으로 재일 한국인·조선인의 범죄율 문제를 든다. '혐한'파는 "재일 중에는 범죄자가 많다. 일본 사회의 치안 악화와 관련이 있다."라고 주장한다. 그러나 이것은 통계로 증명할 수 없는 인상론의 범주다.

⑥ 조선학교

'고등학교 수업료 무상화, 취학 지원금 지급에 조선학교를 포함시킬 것인가'라는 문제에 관해서도 〈재특회〉는 반대 의견을 내고 있다. 일본 고등학교 수업료를 무상화하자는 민주당 정권의 정책(2010년도부터 실시)에 조선학교를 포함시켜야 하는지, 말아야 하는지에 관한 큰 논쟁이 있었다. 〈재특회〉의 주장은 "납치에 관여할 수도 있는 북한 교육 기관에 국민 세금을 쓰는 것은 잘못됐다."라는 것이다.

2. '혐한'의 역사

2.1. '혐한'의 역사

'혐한'의 기원은 어디에 있는가? 이것은 어려운 문제이고, 논자에 따라 견해가 다를 것이다. 긴 역사 속에서 보면 백강 전투를 전후로 일본인(백제계 일본인이라고 해도 좋다)에게 강하게 배양된 신라에 대한 혐오감을 그 연원으로 둘 수 있을 것이다.

또 메이지 시대에는 정한론과 함께 조선에 대한 모멸적인 시선이 강해졌다. 그리고 식민지 시대에는 다양한 형태로 조선의 후진성을 객관적인 인식으로 정착시키려고 했다.

제2차 세계대전 후의 혼란기에는 조선인이 자신들을 '전승국민'으로 규정하고 암시장 등지에서 횡포를 부린 것이 원인이 되어 조선인에 대한 강한 혐오감이 형성되었다.

하지만 이 글에서는 근년의 역사만 살펴보기로 하겠

다. 그 이유 중 하나는 '혐한'파들이 오랜 역사에 대해서 정확한 지식을 가지고 있다고는 할 수 없기 때문이다. 물론 현재의 '혐한' 감정에 오랜 역사를 거쳐 온 문제들이 영향을 미치고 있지 않다고는 할 수 없지만, 중요한 것은 주로 최근의 한일 관계에서 영향을 받고 있기 때문이다.

가까운 과거에서 원인을 찾아 보면, '혐한'이 고조된 것은 1990년대부터이다. 당시 일본의 미디어가 한국에 관한 '편향'된 보도를 했던 것이 자극제가 되었다고 할 수 있다.

구체적으로는 1996년 5월, 2002년 월드컵 한일 공동 주최가 결정 나자 일본 미디어는 일제히 "한국을 알자." "한국과 사이좋게 지내자."라는 논조를 보였고 이것이 중요한 자극제가 되었다. 이 논조를 여기서는 '한일 우호 프레임'이라 부르기로 하자.

일본에서 '한일 우호 프레임'은 2002년 월드컵 공동 주최까지 이어졌다. 그리고 바로 그 2002년에 납치 문제를 계기로 격렬한 북한 비난 여론이 일었던 것도 '한일 우호 프레임'과 관련이 있다고 보아야 할 것이다.

그것이 2003년경부터 시작된 '한류' 붐의 토대가 되었다고 할 수 있을 것이다. 다만 일본에서 왜 갑자기 한국 대중문화 붐이 일었는가에 대해서는 상세한 분석이 필요하다.[4] 어쨌든 일본에서 '한류' 붐은 2003년경부터 2010년경까지 계속되었다.

그러나 이와 병행해서 2005년경부터 '혐한'의 토대가 만들어지기 시작했다. 야마노 샤린(山野車輪)의 저서 『만화 혐한류(マンガ嫌韓流)』가 출판되어 베스트셀러가 된 것이 2005년이었다. 이 책에서 주장한 것은 한국인들의 역사 인식이 얼마나 오류 투성인가, 자이니치(재일)라 불리는 사람들이 얼마나 특권을 가지는가 하는 것이었는데, 이것이 독자들에게 강한 인상을 주었다. 그 영향과 한국 대중문화가 일본인에게 준 긍정적인 영향 중 어느 쪽이 더 강한 것이었는지는 엄밀하게 측정할 수 없다.

2005년경부터 시작된 '혐한'의 토대 위에, '혐한'의 전성기라고도 할 수 있는 분위기가 형성된 것은 2012년부터 2014년이었다고 해도 좋을 것이다. 이 기간에 일본 서점에는 '혐한'을 내용으로 하는 서적이 넘쳐났고, 주간지와 월간지는 끊임없이 '혐한'을 다루었다.

4) '한류'에 관한 분석은 졸저, 『한류 임팩트(韓流インパクト)』(고단샤, 2005)를 참조 바람.

2.2. '혐한'과 '한류'

'혐한'과 '한류'의 관계에 대해서도 좀 더 자세히 살펴보기로 하자.

'한류' 팬들은 2003년 이후에 배우 배용준을 이상화하고 "욘사마는 순수하고 고귀한 심성을 가진 분. 그 욘사마를 낳은 한국 사람들도 틀림없이 순수하고 고귀한 심성을 가졌을 것이다."라는 신념을 품었다. 이것은 일본에서 그간의 한국 이미지를 획기적으로 바꾼 큰 사건이었다. 근대 이후, 일본에서 한국 이미지가 이 시기에 근본적으로 호전되었다고 봐도 무방하다. 일부의 '한류' 팬이나 욘사마 팬들만 가졌던 이미지가 아니었기 때문이다. 각종 여론조사 결과가 이를 여실히 증명했다.

그러나 앞서 서술한 것처럼, 이러한 한국의 호감도와는 정반대의 인식이 또 2005년경부터 일부 일본인들 사이에서 급속히 퍼지기 시작했다. 거기에는 일본 사회에 오래전부터 존재하고 있었던 한국 멸시·조선 멸시라는 측면도 작용했고, 젊은이들의 소외감과 불안감에서 비롯된 '적 만들기'의 측면도 있었다. 이렇듯 2000년대 중반부터 팽배해진 '혐한' 감정의 원천은 다양했다.

따라서 '혐한' 감정이 일본인의 '호한' 감정에 대한 어떤 식의 안티테제(Antithese)라는 측면을 가진다면, 그 표

적이 된 '호한' 감정도 다양하다는 말이 된다. '혐한' 감정이 주로 어떠한 '호한' 감정에 대항해 왔는지를 생각해 보자. 여기에는 초기의(2003년부터 2006년 정도) 열렬한 '한류' 팬, 욘사마 팬들이 주로 〈겨울 연가(冬のソナタ)〉에 그려진 '정신의 순수성'을 그대로 '한국인의 순수성'으로 생각했던 점이 문제의 저변에 깔려 있다고 할 수 있다.

이것을 나는 『한류 임팩트(韓流インパクト)』(고단샤, 2005)라는 책에서 자세하게 분석한 바 있다. 나는 2002년부터 2005년, 일본에 그야말로 '한류' 붐이 치솟았던 시기에 NHK(일본방송협회) 「한글 강좌」 강사를 했었기 때문에 당시 열광적이었던 '한류' 풍조를 몸소 체험할 수 있었다. 2003년 봄부터 NHK 위성 방송에서 〈겨울 연가〉를 방영한 것과 시기를 맞춰 교육 채널 어학 프로그램인 「한글 강좌」에서 이 드라마를 다루기로 했다. 처음에는 디렉터도 나도 이 드라마를 한국어 교육의 소재로 삼는 것에 대해 반신반의했다. 내가 보기에 이 드라마는 '특별히 한국적인 어떤 것'을 충분히 체현한 작품으로는 생각되지 않았다. 만약 드라마를 교재로 쓴다면, 이것 말고도 '한국적인 어떤 것'을 체현한 작품이 많다고 생각했기 때문이다.

그러나 예상과는 완전히 다르게, 2003년 4월 위성 방송에서 〈겨울 연가〉 방영을 시작한 후 서서히 인기가 높아졌고, 6월부터 여름까지 시청자들의 열렬한 감상평이 적힌 대량의 편지와 엽서가 NHK에 도착했다. 거기에 적혀 있었던 것은 "이렇게 순수하고 아름다운 마음의 세계는 일본 텔레비전에서는 전혀 볼 수 없게 되었다. 어떻게 한국에는 이렇게 맑고 순수한 사람들이 있는가."라는, 황홀한 사랑과 같은 감정과 모호하고 근원적인 의문이 뒤섞인 감정이었다.

이것은 전후 일본의 '사건'이라고 하기에 충분하다. 그렇게 '더럽고, 위험하고, 역하고, 폭력적이고, 야비하다'는 이미지를 부여받아왔던 한국인이, 갑자기 이 시점에서 지극히 '맑고, 순수하고, 아름답고, 지적이고, 멋지다'라는 평가를 받게 된 것이다. 그러나 이로 인한 위험성도 한국인 이미지 전환의 시점에 이미 노출되고 있었다. 그것은 '맑고 순수하다'라는 평가 부여와 깊은 관련이 있었다.

여기서 우리가 주목해야 할 것은 〈겨울 연가〉의 열렬한 팬들이 대부분 전후의 '좋은 일본인'에 속하는 여성들이었다는 사실이다. 연령층은 50대 이상이 주류를 이루었다. 70대, 80대 여성도 많았다. 이것에 관해서도 나는 앞서 언급한 『한류 임팩트』에서 분석했다. NHK와 「한글 강좌」 앞으로 도착한 많은 편지를 읽어 보면, 이상하게도 모두 판에 박은 듯이 양질의 편지지 위에 의연한 품격이 느

껴지는 달필의 일본어로 쓴 것들이었다. 그것은 〈겨울 연가〉 팬의 높은 지적 수준을 여실히 보여 준다. 편지에 적혀 있는 것은 ①〈겨울 연가〉의 훌륭함, ②일본에서는 이제 이와 같은 품격 있는 드라마를 볼 수 없는 것, ③자신이 젊었을 때는 이와 같은 세계가 동경의 대상으로 존재하고 있었다. 그러나 지금의 일본에는 없다. '한국에는 어떻게 이렇게 아름다운 세계가 존재하는가'라는 놀라움이었다. 그리고 중요한 것은 많은 편지에서 '가벼운 속죄'의 감정을 토로하고 있었다는 사실이다. 그것은 다음과 같이 요약되는 인식이었다.

> '일본 옆에 한국이라는 나라가 있는 것은 알고 있었다. 그리고 일찍이 일본이 그 나라 사람들에게 심한 짓을 한 것도 알고 있었다. 그러나 자세하고 구체적인 것은 잘 알지 못했다. 알고 싶고, 알아야 한다는 생각은 있었지만, 용기가 없었다. 평소에도 막연하게 미안한 마음을 가지고 있었다. 그러나 지금, 이 드라마를 계기로 한국을 더 알아야 한다는 마음이 강해졌다. 앞으로 남은 일생 열심히 공부하고 싶다. 여행도 가고, 말도 배우고 싶다.'

이것은 특수한 인식이 아니었다. 편지를 읽은 내가 이상한 기분이 들 정도로 편지마다 비슷한 생각이 적혀 있었다. '이것은 전후사에서 하나의 사건이다'라고 생각한 것은 이 때문이다. 이 편지들에 적힌 사연들은 '무거운 속죄' 의식이 아니다. 그러나 〈겨울 연가〉를 보는 시선에는 분명히 어떤 속죄 의식이 있었고, 전후라는 시공간에서 일본인들이 막연하게 품고 있던 한국에 대한 죄의식을 얼마간은 자극하고, 승화시켰다고 말할 수 있다. 2004년 「한글 강좌」 교재는 단숨에 2배 이상의 판매고를 올렸고, 한국어 강좌가 일본 전역에 개설되었다. 당시 한국에 대한 일본인의 자세를 한마디로 표현하자면 '진지하다'일 것이다.

그러나 이 '진지'한 자세에는 얼마간의 위험성도 따랐다. 그것은 〈겨울 연가〉 팬들 대부분이 단순히 유행을 좇는다기보다는 교양 수준이 높은 '좋은 일본인'이었던 것과 깊은 관계가 있다. 당시 나는 다수의 강연에서 많은 〈겨울 연가〉 팬들과 이야기를 나눴는데, 일종의 '위험'한 징조는 이미 2004년부터 감지되었다. 그것은 '올바른 것'을 추구하는 곧고 진지한 자세에 기인했다. 〈겨울 연가〉의 여성 팬들은 너무나도 올곧고 진지했다. 그것은 포스트모던 일본에서 억압되고 경시된 전후 모던의 '맑고 바른' 삶의 방식을 체현하는 사람들의 항의이자 이의 제기였음이 틀림없었다.

어쩌면 그런 진지함은 한국으로 말하면 기독교나 불교와 같은 종교를 향한 신앙으로 흡수되었을 심정이었다. 그러나 전후의 '좋은 일본인'에게는 교회도 절도 없었다. '진지한 심정'을 흡수해 줄 것이 1980년대 이후 포스트모던 일본에는 아무것도 없었다. 그 소외감의 한가운데에 돌연 등장한 것이 〈겨울 연가〉, 욘사마, 한국이었다. 그녀들이 욘사마나 한국을 보는 시선은 종교적이라고 봐도 좋을 정도였다.[5]

나는 한편으로 〈겨울 연가〉 팬들의 진지함에 최대한의 경의와 호의와 공감을 표하면서도 다른 한편으로는 그중 일부의 사람들이 배타적으로 되어 가는 것을 우려하게 되었다. 2005년의 일이다. 아사히신문사의 논단지 『논좌(論座)』에 그러한 내용을 썼다.[6] 배용준 팬의 일부(이들을 '급진파'라고 하자)가 "우리들의 한국 인식이야말로 올바르고, 우리처럼 한국을 인식하지 않는 것은 잘못이다."라는 주장을 펼치는 것에 대한 비판글이었다. 구체적으로는

5) 실제로 창가(創價) 학회에서 〈겨울 연가〉를 입회 권유의 수단으로 사용했던 것은 잘 알려져 있다.

6) 「〈純粋なるもの〉への回帰願望　ペ·ヨンジュンという思想」, 『論座』, 朝日新聞社, 2005.11, 「まっとうな批判に耐えてこそ「韓流」は「アジア流」に育つ…ペ·ヨンジュンへの手紙」, 『論座』, 朝日新聞社, 2006.1.

2005년 고이즈미 준이치로 수상이 야스쿠니 신사를 참배한 후에 한일 관계가 금이 간 것에 대해서, 배용준 팬의 일부 '급진파'는 "고이즈미가 잘못됐다. 고이즈미가 한일 관계를 망쳤다. 반대로 배용준은 한일 우호를 주창하고 있고, 훌륭하다. 우리는 배용준을 따른다. 우리야말로 진정한 한일 우호 촉진파다."라고 주장했다. 나로서는 이것이 두 가지 의미에서 잘못된 주장이라고 비판하지 않을 수 없었다. 하나는 한일 관계에 금이 간 것을 "전부 고이즈미가 나쁘다."라고 단순화시켜 이야기하는 것이 잘못되었고, 또 하나는 "우리와 같은 진정한 한일 우호파만이 올바르고, 배용준과 같은 순수한 마음을 갖지 않은 일본인들은 잘못됐다."라는 배타성이 문제이다.

일본인은 왜 한국을 이야기하면 이상하리만치 진지해지고, 타협을 용인하지 않고, 배타적이 되는 것일까?

2003년까지 한국을 제대로 알지 못했던 '좋은 일본인'이 〈겨울 연가〉를 접함으로써 한국과 한일 관계를 조금 알게 되었다. 그리고 역사도 조금 알아보았다. 그러자 일본이 얼마나 나빴는지를 알았다. 그런데도 그 나쁜 일본을 향해서 배용준은 온화하고 진지한 자세로 응하고 있다. 이것이야말로 인간으로서 존경할 만한 태도다. 우리들은 (이 나쁜 일본인인) 우리들을 '가족'이라 부르며 포용

하는 배용준을 절대적으로 신뢰하고 있다. 배용준의 숭고한 마음을 짓밟는 고이즈미는 용서할 수 없다. 우리가 진정한 한일 우호파가 되어 보여 주겠다.

이처럼 완고한 심정은 일찍이 1960, 1970년대에 북한을 찬양했던 전후 지식인과 같은 것이 아닐까. 한국 또는 북한을 일방적으로 '일말의 오점도 없는 순진무구한 존재'로 설정하고, 그 인식을 받아들이지 않는 일본인을 "도덕적으로 잘못됐다."라고 소리 높여 규탄한다. 거기에는 속죄 의식이 있어서 그들, 그녀들의 배타성은 도덕적으로 정당화된다.

이것이 2000년대 중반 '한류'를 둘러싼 상황이었다. 그리고 그 후에 등장한 '혐한'이, 바로 이 '한류' 팬들의 도덕적 배타성에 대한 대항적 성격을 가졌던 것은 명백하다.

따라서 '혐한'파의 한국 인식이 '맑고 바른 한류 팬'의 그것과 정확히 대칭적이라는 점도 쉽게 이해할 수 있다. '맑고 바른 한류 팬'이 '한국인은 맑고, 바르고, 아름답고, 솔직하고, 도덕적이고, 피해자고, 피억압자이고, 선이고, 더럽혀지지 않았다.'라는 인식을 주장하는 것에 반해 '혐한'파는 '한국인은 교활하고, 틀렸고, 더럽고, 거짓말쟁이이고, 비도덕적이고, 피해자인 척을 하고, 피억압자라고 선언하고 있고, 악이고, 더럽다.'라고 주장한다. 무서우리만치 극명한 대칭이다.

여기서 우리가 주목해야 하는 것은 '혐한'파의 '진지함'과 배타성이다. '혐한'파는 '아무것도 모르는 일본인'이 한국을 높이 평가하는 것을 철저하게 비판하고 규탄한다. 그것은 급진적인 '한류' 팬이 '아무것도 모르는 일본인'을 비판하고, "우리처럼 한국을 제대로 알고, 역사를 반성해야 한다."라고 주장하는 태도와 같다. 자신과 다른 의견을 가진 타자를 용서하지 않고, 계몽적으로 타자를 고치려 든다. 이것은 오랫동안 포스트모던적인 상대주의의 수렁에 빠져 있던 일본 사회에 실로 신선한 주장이었다.

일본인이 이 정도로 타자 인식에 진지한 태도를 보이는 것은 한국을 마주할 때뿐이다. "한국이 어떻게 되든 무슨 상관이야"와 같은 모호한 태도를 그들은 용인하지 않는다. 분명히 '정답'이 있다고 믿는다.

이런 관점으로 보면, 급진적인 '한류' 팬과 '혐한'파는 사실은 비슷한 성격을 가지고 있다고 할 수 있다. 또 이 두 그룹은 실제의 한국을 모른 채, 자신들이 원하는 방식으로 한국을 인식하는 경향이 있다는 점에서도 닮았다.

이렇듯 2000년대부터 2010년대의 일본 사회에서 '한국을 어떻게 보는가'라는 문제는 대략적으로 말하자면 '혐한'과 '한류', 둘로 갈라졌다.

3. '혐한'의 배경

다음으로 '혐한'의 고조를 뒷받침하는 일본 사회의 상황을 살펴보자.

3.1. 일본인의 열화(劣化)

우선 무엇보다도 '일본인의 시야가 좁아지고, 포용력이 극도로 떨어지고 있다'는 상황을 들 수 있다.

총체적인 자신감 상실과 국가적 고립이 소위 "잃어버린 20년"의 기조인 것은 틀림없다. 그러나 '일본인이 열화(劣化)되었다'는 인상론은 그것이 구체적으로 무엇을 의미하고, 또 그것이 객관적으로 증명될 수 있는가를 따졌을 때 다소 애매한 인식이다. 그런데 사실은 바로 이 점이 '일본인이 열화되었다'는 명제에 가장 큰 의미를 가진다고 할 수 있을지도 모른다. 다시 말해, 누구도 객관적인 의미나 지표, 데이터 등에 의한 검증을 거치지 않고 막연하게 '일본인은 열화되었다'는 이미지를 공유해 온 것이야말로, 이 20년간의 일본 사회의 특징이라고 말할 수 있다.

일본인은 객관적인 논증 없이 무조건적으로 '열화'되고 있는 것이다. 이 막연한 '인식'의 힘은 거대하다.

예를 들면 어떤 사람들은 이 '인식'에 따라서 근거 없이 '젊은이들을 비난'할 것이다. "일본의 젊은 세대는 무능하다. 예전의 일본인과 비교하면 명백하게 열등하다." 이와 같은 인식하에 어떤 사람들은 다음과 같은 생각을 하게 될 것이다. "이처럼 능력이 저하된 젊은이들에게 일본의 장래를 맡길 수는 없다. 다시 한 번 가족과 지역 사회, 그리고 국가에 대한 애착을 심어주지 않으면 안 된다. 그리고 도덕 관념을 부활시키지 않으면 안 된다."

또 예를 들어 어떤 사람들은 이와 같은 '인식'에 의거하여 위축된 심리를 증폭시킬 것이다. "일본인은 열화되고 있다. 따라서 글로벌리즘에도 따라가지 못한다. 그러나 중국인과 한국인은 기세를 몰아 글로벌리즘의 선두에 서 있다. 이런 사람들(놈들)과는 함께할 수 없다. 왜냐하면 일본인은 이제 그런 경쟁의 세계관에는 지쳐 버렸기 때문이다. 중국이나 한국은 가능한 피하는 것이 좋다."

최근에 많은 일본인이 '동아시아를 사절하고 싶다'는 마음을 갖게 된 이유의 일각에는 '일본인의 열화'라는 인식이 존재한다고 생각된다. 이것을 '역(逆)·후쿠자와 유키치(福澤諭吉) 지향'이라고 해도 좋지 않을까. 후쿠자와 유키치는 '아시아보다 일본이 앞서가고 있다'는 인식하에 '글로벌화(서양화) 될 수 없는 조선을 사절한다'는 '탈아입

구(脫亞入歐)'를 주장했다. 그러나 현재의 '역·후쿠자와 유키치'는 반대로 '글로벌화에 있어서 일본이 한국보다 뒤쳐지고 있다'는 인식에 기초한 것이다. 오히려 '글로벌화는 하고 싶지 않다'는 인식과 심정이 일본을 뒤덮고 있다.

3.2. 일본인의 패배감

최근 십수 년간 일본인들이 느끼는 패배감의 크기를 한국인은 정확하게 상상할 수 있을까. 일본을 '하잘것없는 작은 나라'로 인식해 왔던 한국인이라면 21세기 일본인의 패배감의 크기를 가늠하기가 꽤 어려울지도 모른다. 경제적인 면에서 미국에 이은 세계 제2위 국가라는 자기 인식을, 일본인들이 소리 높여 자랑해 왔던 것은 결코 아니다. 오히려 그 사실에서 이렇다 할 의미를 찾아냈다고 보기는 어렵다. 그러나 2010년에 GDP 규모에서 중국에 추월당하고, 전자기기 산업에서 한국 기업에 추월당했다는 사실을 목도하고 일본인들은 돌연 과거의 영광에 매달리기 시작했다.

일본인의 한국에 대한 인식이 중국을 바라보는 인식과 다른 점은 다음과 같이 정리할 수 있다. 중국 경제가 커진 것은 분명 일본의 패배라고도 볼 수 있지만, 중국 시장은 일본 수출산업에 있어서 중요한 존재이고, 또 중국에 공장을 건설한 많은 기업은 중국 노동력이 꼭 필요하다. 그러나 한국과의 경제적 관계를 보면, 한국과 일본의 기업은 대부분의 경우, 단순하게 경쟁 관계에 있든지, 아니면 '일본이 아래, 한국이 위'에 있는 수직적인 분업 체제에 있다(이것을 단순하게 '일본의 부품 기업은 한국 재벌계 대기업의 하청업체다'라고 표현해도 문제가 없을 것이다). 즉 일본에는 한국 기업과의 관계에서 '한국이 모든 것을 가져가 버렸다'는 심리가 발생하는 기반이 존재한다. 그리고 실제로 그렇게 되었다.[7] 인터넷 댓글에 삼성이나 현대자동차에 대한 냉담한 의견(험담이라고 해도 좋은 것)은 많이 보이지만, 중국의 전자기기 기업이나 자동차 회사에 대해서는 비슷한 종류의 냉담한 의견을 찾아볼 수 없다.

앞서 서술한 것처럼 '반·북한'과 '혐한'이 결정적으로 다른 이유도 역시 여기에 있다. 북한에 대한 혐오감은 독재 체제나 절대적 빈곤 등이 일본 사회와는 동떨어져 있

7) 이것은 심상(心象)이고, 사실이 아니다. 일본 기업과 한국 기업은 한편으로 경합 관계인 동시에 다른 한편으로는 타협 관계이기도 하다. 즉 전면적인 경합 관계는 아니다. 다만 양쪽 중 협력 관계의 측면은 일본 미디어에서 별로 보도되지 않고, 또 실제로 협력을 하는 일본 기업이 그것을 공공연하게 드러내고 싶어 하지 않는 경우도 있다. 이런 것도 포함해서, 실태 이상으로 경합 관계의 측면만 강조되는 경향이 있다.

고 이해 불가라는 점에서 오는 무한한 부정적 감정이고, 일본과의 유사성이나 경쟁이라는 측면은 전무에 가깝다. 더구나 북한이 일본보다 우월하다는 열등의식은 전혀 없다. 그러나 '혐한' 감정은 이와는 다르게 앞서 서술한 '열화(劣化)된 일본' 의식의 연장선상에서 '일본이 당할 수 없는 한국'이라는 열등의식이 존재한다고 생각된다. '혐한'은 그 열등의식의 반증이라는 측면을 가지는 것이다. 반·북한 의식이 단순히 직선적인 혐오감에 기초한다면 '혐한'은 그것과는 다르게 복잡한(complex) 감정이라고 할 수 있다.

3.3. 사죄 피로

흔히들 말하는 '일본인의 사죄 피로'라는 현상이 '혐한' 감정에는 분명히 개재해 있다. 1990년대부터 계속해서 식민지 지배와 위안부 문제에 관해서 일본 정부가 공식적으로 사죄와 반성을 반복하고 있음에도 불구하고 한국 측은 그것을 인정하지 않고, 혹은 인정했다고 해도 크게 평가하지는 않는다.

한국인의 입장에서는 "일본의 사죄가 충분히 이루어지지 않았다."라고 생각하는 사람이 대부분일 것이고, "일본은 진지한 사죄를 한 번도 하지 않았다."라고 생각하는 사람도 많을 것이다. 그러나 이것은 일본인의 인식과는 완전히 동떨어진 것이다. 바로 이 인식의 차이가 일본 내 '혐한' 감정의 바탕을 이루고 있다고 해도 좋을 것이다.

이 문제에 관해서 근래 일본인들이 느끼는 가장 일반적인 감정은 "지금까지 계속 참아 왔다. 이제 해방되고 싶다."라는 것이다. 이 감정이 심한 스트레스와 함께 증폭되자 "이제는 반격할 때다."라는 감정으로 변한다. 물론 이런 억지스러운 '반격 욕구'를 전면에 내세우는 일본인은 소수다. 그러나 잠재적으로 반격 욕구를 가지고 있는 일본인이 그 부분을 중점적으로 자극하는 '혐한' 언설에 호응하는 현상이 일어나고 있다.

결국 한국에 대한 강한 비판 언설의 뿌리에는 이와 같은 '인내의 한계'라는 감정이 소용돌이치고 있음에 틀림없다.

그러나 이것은 일본만의 문제가 아니다. 한국은 한국대로 "지금까지 계속 참아 왔다. 이제는 반격에 나설 때다."라는 감정이 강하다. 이것은 한국인들과 이야기하며 여러 차례 들었던, 다음과 같은 인식이다. "불합리한 식민지 통치에 관해서 일본의 반성은 전혀 충분치 않다. 그런데도 지금까지 한국인들은 참아 왔다. 그러나 이제 한국은 일본과 대등하다. 국력과 국제적인 영향력에 차이가 있던 과거와 달리, 지금 우리는 하고 싶은 말을 할 수 있고, 해야 한다. 이제는 일본에 물러서지 않고, 물러서야 할 이유도 없다." 이와 같은 감정이 한국에는 있다.

다시 말해 한일 양측에 '지금까지 참아 왔다'는 감정이 있고, 그 대결 양상을 드러내는 것이 현재 상황인 것이다.

3.4. 오래된 한국·조선 멸시

'혐한'에는 오래된 한국인 멸시·조선인 멸시의 측면도 있다. 일찍부터 일본인에게 뿌리 깊게 존재했던 한국(인) 멸시, 조선(인) 멸시의 감정이 결코 사라지지 않았다는 것을 '혐한'은 여실히 보여 주고 있다.

'오래된 한국인 멸시·조선인 멸시'는 메이지 시대 이후 별안간 출현한 '일본은 문명개화의 나라, 조선은 미개하고 열등한 나라'라는 이분법적 인식에 기초한다. 그런데 1945년 패전 직후에는 그것과는 다른 형태의 한국인 멸시·조선인 멸시도 출현했다. 1945년 8월 15일 이후에 갑자기, 일본에 거주하는 조선인들이 자신들은 전승국 측에 속한다고 보고, 패전 국민인 일본인을 멸시하거나 지하 세계 등지에서 난폭한 태도를 취하기도 했다. 이 때 한국인 혐오·조선인 혐오의 감정이 일었다. 이 감정은 70대 이상의 특히 관서 지방에 거주하는 일본인들이 자주 토로했다.

위에서 언급한 두 가지 혐오감이 합해진 '오래된 한국인 멸시·조선인 멸시'는 전후의 시간이 흘러감에 따라 꽤 엷어져 왔거나, 또는 거의 사라졌다고 생각되었다. 사실 40대 이하의 재일 코리언에게서는 "나는 일본인에게 차별받았다."라는 말을 거의 듣지 못했다.

그러나 '혐한'의 기세가 거세져 감에 따라, 인터넷 댓글 등을 보면 '오래된 한국인 멸시·조선인 멸시'가 사실은 건재하고 있고, 또 그 감정이 젊은 세대에게도 전파되고 있음을 알 수 있다.

이명박 전 대통령이나 박근혜 대통령의 언동이나 어떤 사건에 대한 객관적인 비판이 아니라 "한국인·조선인이라는 속성의 사람들은 원래 열등한 인종이다."라는 민족 멸시의 사고가 십 년 사이에 터부(Taboo)의 봉인이 해제되어 다시 부활하려는 조짐이다.

일본인의 근원적인 한국(인)·조선(인) 멸시는 반드시 극복해야 할 문제이다. 그러나 그것이 가능할까? 이는 한국인의 일본인 멸시, 또는 세계에 산재한 이웃 나라 간의 부정적 감정과도 비교하면서 생각해 나가야 할 문제다.

3.5. 동아시아에 대한 혐오

'동아시아적인 것·문화'에 대한 생리적 혐오도 일본인들 사이에 커지고 있는 듯하다. 이는 "일본이 '선진화된 서양' 진영에 속해 있다."라는 자기 인식하에 중국·한국·북한을 한데 묶어서 '후진적인 동아시아' 진영으로 보고자 하는 마음이다. 그 배경에는 '중국, 북한과 한국의 의도적인 혼동'이라고 하는 '혐한'파의 전략도 있다. 이것은 중국·한국·북한을 문화적으로 명확하게 구별할 수 없는 일반 대중의 심성을 이용한 것이다.

하나로 묶어진 '동아시아'의 문화와 관습, 사회는 '법치의 결여, 정치적 부패, 약육강식, 공공심의 결여, 강한 자기주장 및 자기 정당화, 사회적 인프라의 미정비' 등의 이미지이다. 그에 반해 일본은 '철저한 법치, 정치적 청렴, 약자에 대한 배려, 높은 공공심, 자기 억제와 철저한 타자 이해, 사회적 인프라의 정비' 등의 이미지다. 이와 같은 '일본/일본 이외의 동아시아'라는 이분법이 가져온 극단적인 감정 중 하나는 "더 이상 동아시아와 관계를 맺고 싶지 않다." "동아시아와 관계를 맺어서 좋을 일이 없다."라는 '탈아' 지향이다. 이것이 정치적으로는 '자유와 번영의 호(弧)'의 축을 중시하는 아베 신조 정권의 방향과 정확히 합치된다.

이 감정을 조금 더 자세히 들여다보면 다음과 같은 두 가지 인식으로 나뉜다.

하나는 어디까지나 '일본이 서양 근대에 가깝기 때문에 더 선진국이다.'라는 우위를 믿어 의심치 않는 타입이다. 이것은 낡은 고정관념에 사로잡혀 있는 근대주의자의 인식이다. 또 하나는 '일본은 틀림없이 서양에 가깝지만, 그 서양이라는 것이 현대에 노골적으로 모습을 드러낸 자본주의의 체현은 아니다. 오히려 약육강식의 신자유주의와 가까운 것은 일본보다도 한국이다. 그런 의미에서 일본은 상스러운 자본주의와 확연히 구분 짓는 편이 좋고, 아직도 바득바득 경쟁을 하는 한국과는 거리를 두어야 한다.'라고 생각하는 것이다.

3.6. 정치의 우경화

일본 정치의 우경화도 물론 '혐한'의 중요한 배경이다. 이것과 관련해서 종종 "아베 정권의 최대 지지자는 중국과 한국"이라는 농담을 한다. 이와 같이 한국과 일본 사이에 적대적 공존 관계가 공고하게 형성된 것이 '혐한' 감정의 고정화로 이어졌다고 볼 수 있다.

"달걀이 먼저인가, 닭이 먼저인가?"라는 말이 있듯이 "일본인의 대중(對中), 대한(對韓) 감정의 악화가 먼저인가, 일본 정치의 우경화가 먼저인가?"라는 문제가 있다. 만약 일본 정치의 우경화가 먼저라고 한다면 '혐한'파는 권력에 추종적인 사람들이라고 할 수 있다. 정권이 내세운 역사관을 추종하고 받아들이는 셈이 되기 때문이다. 그러나 대중·대한 감정의 악화가 먼저라고 한다면 '혐한'파는 사회에서 명확한 이슈 형성 능력을 갖춘 사람들이라고 할 수 있다.

답을 하자면 분명 달걀도 닭도 먼저가 아니다.

3.7. 미디어의 전략

처음부터 '혐한'파는 미디어를 교묘하게 이용해서 자신들의 주장을 침투시키는 전술을 펼쳤다. 만화, 인터넷(동영상 송신 사이트, 게시판, 블로그, SNS), 잡지, 석간지 등이 '혐한'파의 주된 활동 무대다. 그들은 전후의 주류파(리버럴)가 신문, 지상파 텔레비전, 종합 잡지를 장악해 온 것에 정면으로 대항한 것이다.

일부 주간지·월간지·석간지가 계속해서 '혐한'을 다루었던 것도 2010년대의 특징이다. 석간 타블로이드지의 경우, 역 가판대에서 통행인들의 눈에 잘 띄는 지면 부분에 '박근혜'라는 세 글자를 큰 글자로 인쇄하면 늘 상당한 부수가 팔린다고 한다. 이것은 2012년 12월에 제2차 아베 신조 정권이 발족하기 이전부터 있었던 현상인데, 마치 발족 이후에 아베 정권의 정치적 자세를 지지하기라도 하듯이 '혐한' 기사가 증가한 것도 사실이다.

여기에서도 "정권이 먼저인가, 혐한 논조가 먼저인가?"에 대해서는 한쪽으로 단정할 수 없다. 다만 범람하던 '혐한' 기사는 2014년 가을 이후 다소 줄어들고 있는 것 같다. 매번 같은 주제를 반복한 탓에 독자들이 질렸고, 2014년 12월 중의원 선거, 2015년 1월 이슬람 과격파와 이슬람 국가의 테러, 인질 사건 등을 계기로 이슈가 전환된 것을 원인으로 꼽을 수 있다.

3.8. 반일 일본인

'혐한'파뿐만 아니라 일본의 우익이나 인터넷 우익이 빈번하게 쓰는 말 중에 "반일 일본인"이라는 말이 있다. 이것은 '일본인이면서 일본 비판을 하는 좌익·리버럴'을 가리킨다. "반일 일본인"이라는 말에는 두 가지 측면이 있다. ①동시대에 한국·중국에 유리한 언설을 전개하는 일본인 ②전후에 좌익적인 관점에서 일본 비판의 헤게모니를 지켜왔던 일본인, 이렇게 두 가지 의미다.

위안부 보도 등을 둘러싸고 2014년 8월 이후에 거칠게 불어 닥친 『아사히신문』 비난 공격은, ①과 ② 양쪽을

포괄하는 대표적 '반일 일본 미디어'인 『아사히신문』을 국가주의적인 욕망하에 공격하는 구도였다.

1980년대 역사 교과서 문제나 1990년대 위안부 문제가 큰 이슈가 된 배경에는 일본 좌익과 리버럴이 이 문제를 크게 클로즈업하여 일본 비판의 제재로 삼았다는 사실이 존재한다. 이러한 사실이 널리 알려지자, 일본과 한국 간의 모든 문제는 사실 한국만 나쁜 것이 아니라 일본의 좌익·리버럴이 일본 비판의 제재를 한국 측에 제공하거나, 공동 투쟁을 함으로써 확대되었다는 인식이 보수적인 입장의 일본인들 사이에 공유되었다. 이와 같은 '반일 일본인'에 대한 애국주의적 혐오가 특히 인터넷 공간에서 확산되고 있다.

『아사히신문』은 '반일'성으로 비판을 받았다. 비판 정신이 미디어의 생명인 것은 '혐한' 측도 민주주의 사회의 일원인 이상 충분히 이해하고 있다. 그러나 '혐한' 측의 인식에는 '전후 헤게모니=리버럴=한일 우호=체제'라는 틀이 공고히 존재하고, 그 틀로 인해 억압되어 왔던 것이 바로 자신들이라는 구도가 형성돼 있다. 따라서 오히려 『아사히신문』을 비판하는 자신들이야말로 비판 정신이 투철한 반체제라는 도식이 성립되는 것이다. 이 부분이 한국인의 인식 속에 있는 '혐한=보수=체제'라는 구도와는 정반

대이다.

3.9. 이명박 전 대통령의 언행

2012년 8월에 이명박 대통령이 독도를 방문하고, 나아가 '천황 방한 사죄' 발언을 한 것은 일본인들의 한국에 대한 감정을 결정적으로 악화시켰다. 내 주변 일본인 중에는 "평소 나는 천황주의자가 아니고, 오히려 천황제에 비판적인 입장이다. 그러나 한국 대통령의 그 오만한 언사에 천황이 안됐다고 생각했다. 그 거만한 발언을 듣고 갑자기 내셔널리스트가 되었다는 사람이 주변에도 많다."라고 이야기하는 사람이 몇 명이나 있었다. 일본에서 이명박 대통령에 대한 혐오감과 경멸은 2012년부터 2013년까지 절정에 달했다. "기껏해야 토건업자 주제에 천황에게 그런 무례한 발언을 한 것은 절대로 용서할 수 없다."라고 술자리에서 나에게 흥분한 어조로 이야기했던 사람은, 지금까지 수십 년에 걸쳐 시민 운동으로 한일 우호 활동을 착실하게 해 온 한 남성이었다. 덧붙이자면 그도 역시 "나는 원래 천황을 좋아하지 않는다. 그러나 다른 나라 대통령에게 그렇게 취급받는 것은 화가 난다."라는 입장이다.

일본인의 한국에 대한 감정이 악화된 가장 직접적인

원인은 이명박 대통령의 독도(다케시마) 상륙과 '천황 방한 사죄' 발언이라고 단언해도 좋다고 생각한다. 특히 일본인들이 평소에는 강하게 의식하지 않는 '천황'이라는 존재에 대해서 이명박의 발언은 강렬한 빛을 비추며 자극했다.

3.10. 박근혜 대통령의 언행

더욱이 박근혜 대통령의 언행 또한 일본인의 감정을 악화시켰다. 박근혜 대통령의 언동은 전반적으로 일본인에게 나쁜 인상을 주었고, 2015년 1월까지의 시점에서는 좋은 인상이 거의 없다. 이것은 역대 대통령이 '나쁜 인상'과 함께 일정 부분 '좋은 인상' 혹은 '좋지도 나쁘지도 않은 인상'을 주었던 것과 비교할 때 큰 차이라고 할 수 있다.

특히 박근혜 대통령의 '고자질 외교', '중국 접근', '천년 불변 발언'[8])은 일본인에게 '이 대통령과는 무슨 얘기를 해도 소용이 없다'는 인상을 강하게 심어주었다. 그중에서도 '천년 불변 발언'의 불가역적인 규정은 지금까지 한일관계 구축에 힘써 왔던 일본인에게 커다란 허탈감을 주었다. "아무리 노력을 해도 가해자와 피해자의 관계가 천

8) 2013년 3월 1일의 「3·1절」 연설에서 "가해자와 피해자라는 역사적 입장은 천년의 역사가 흘러도 변할 수 없다"라고 발언한 것.

년 동안 달라지지 않는다면 아무것도 할 필요가 없지 않은가?"라는 단락적인 무력감이 많은 일본인을 뒤덮어 버렸다.

4. 보통(일반시민) '혐한'파의 한국 인식

다음으로 보통의 '혐한'파가 가지고 있는 한국과 한국인에 대한 인식은 어떤지 정리해 보자.

4.1. 한국인의 종속성, 사대주의, '고자질 외교'

먼저 가장 빈번하게 언급되는 것은 한국인의 종속성, 사대주의다. 이것은 단순히 이미지가 아니라 '역사적 증거가 있는 사실'이라고 인식하고 있기 때문에 번거로운 문제이다. '보통의 혐한'파는 '프로 혐한'파와는 달리 한국의 역사나 한일 관계의 역사에 대해서 상세하고 정확한 지식을 가지고 있다고 할 수 없다. 그러나 얼마간의 역사적 지식은 가지고 있기 때문에, 완전히 무지하지는 않다.[9] 그 얼

9) 필자의 경험으로는, 강연회 등에서 한국 역사에 대해 질문을 받는 경우가 많은데, 질문자에게 "어디에서 그러한 지견(질문의 배경에 있는 역사적 지식)을 얻었습니까?"라고 물어보면 "오선화

마간의 역사적 지식은 대개가 한국에 대해 비판적인 경향을 띠는 것이 많기 때문에, 때마침 그 경향의 틀에 딱 들어맞는 듯한 현실을 접하면 쉽게 납득해 버린다. 일본에서 다량으로 발행되고 있는 '혐한'에 관한 책이 그러한 단락적인 인식에 근거를 제공한다.

박근혜 대통령의 소위 '고자질 외교'는 '한국인의 종속성·사대주의'라는 인식의 틀에 그야말로 딱 맞는 현실적인 사건이었다. 이 '고자질 외교'에 관해서 나는 한국의 지식인이 "박근혜 대통령은 고자질하는 게 아니라 공개적으로 당당하게 일본의 험담을 하고 있으니까 고자질 외교라는 표현은 맞지 않다."라고 발언한 것을 들은 적이 있다. 물론 '고자질'이라는 말은 뒤에서 소곤소곤 제3자의 나쁜 점을 호소한다는 의미가 있기 때문에 이 말이 박근혜 대통령의 언행을 정확하게 표현한다고는 할 수 없다. 그러나 공개적이든 비공개적이든 힘이 있는 사람(미국이나 유럽, 중국의 수뇌나 고위 관리)에게 제3자(일본)의 험담을 하고, 힘이 있는 사람을 통해 제3자를 바로잡게 하려는 심리가 만약 박근혜 대통령에게 있고, 그리고 그 심리에 준

씨의 책에서 읽었는데요."라는 대답을 정말 자주 듣는다. '보통의 혐한파' 내지 '한국 회의(懷疑)'파는 역사적인 지식을 오선화 씨 등 편향된 논자의 책에서 얻는 경우가 많다고 생각된다.

한 행동에 한국인이 아무런 위화감도 느끼지 않는다면 그것은 문제가 아닐까. 이것은 단적으로 종속성을 드러내는 것이라고 할 수 있기 때문이다.

4.2. 더럽고, 불결하고, 비겁하고, 신용할 수 없는, 준법정신의 결여

인터넷 공간에서 자주 이야기되는 것이 '한국인은 더럽다'는 인식이다. '더럽다'라는 형용사는 물리적인 의미로도 정신적인 의미로도 사용된다. '한국의 거리나 상점은 청결하지 않다'는 현상적인 인식과 '한국인의 심상은 결코 깨끗하지 않다. 오히려 비겁하고 신용할 수 없다.'는 심리적인 인식이 합쳐져 있는 듯한 인상을 받는다. 게다가 '준법정신이 결여되어 있고, 모든 것이 대충대충이다.'라는 이미지도 증폭되고 있다. 1980년대에 강조된 "괜찮아요 정신"이라는 말은 요즘에는 별로 들리지 않지만 '대충대충이고 엉성하다'는 이미지는 '괜찮아요' 이미지를 계승하고 있다고 할 수 있다.

왜 이렇게 '더럽다'는 가치부여가 빈번한 것일까. 그것은 앞서 서술한 '오래된 한국 멸시'의 시선과 새롭게 대두된 '혐한'이 어떤 식으로든 연결되고 있다고도 추측할 수 있다. 또 한국을 관광하는 여행자가 늘어남에 따라 실제 한국의 거리나 상점을 체험한 일본인이 증가했고, 그 결과로 오히려 '한국은 한국드라마에서 그려진 세계와는 다르고, 결코 아름답지도 청결하지도 않다'는 인상을 굳힌 계기가 되었을지도 모른다.

4.3. 법치주의의 결여

앞에서 서술한 것처럼 '법치주의가 결여된 한국'이라는 인상은 '법치주의가 철저한 일본'이라는 자기인식의 대척점에 한국을 위치시키고 싶은 일종의 욕망이 그 배경에 존재한다고 생각된다. 그러나 세월호 침몰사건을 비롯해서[10)] 한국사회가 '법치의 결여'를 보여주는 사례를 다수 제공하고 있는 것도 사실이다.

하지만 법이 자의적으로 적용된다는 의미로서의 '인치(人治)'는 중국이나 북한에는 해당되는 말일지도 모르지

---

10) 세월호 사건과 법치의 문제는 다음과 같은 관점에서 지적된다. 이 사건에 관해서 법이 정한 규정대로 정비와 수하물 검사 등을 하지 않았던 것, 그리고 그것이 방치된 것은 분명히 법치주의가 철저하지 못함을 드러내고 있다. 그러나 그것과 함께 일본의 미디어가 위화감을 가졌던 것은 선장 이준석씨가 체포된 후, 살인죄가 적용된 것이었다. "일본이었다면 업무상 과실치사였을 텐데 한국에서는 선장을 도덕적으로 규탄하는 심리가 법의 지배를 뛰어넘어 살인죄를 적용한단 말인가"라는 위화감을 많은 미디어에서 토로했다.

만, 현재의 한국에서는 별로 맞는 말이 아니다. '국민 정서'가 법을 뛰어넘어 판결을 내리는 절대적인 기준이 되는 것은 한국에서 일반적인 일이다. 그러나 이것은 일본에도 있는 일이다.

문제는 일본인이 '한국의 법치 결여'라는 인식을 내세울 때, 그것이 '인치'로 받아들여지는 한, 한국과 중국, 북한이 상당히 혼동된다는 점에 있다. 대충 한데 묶어 '동아시아적'이라고 말하는 전근대성이 한국·중국·북한에 짙게 남아있다고 인식한다(그것 자체는 잘못된 인식이 아니다). 이 인식에서 한국·중국·북한의 차이에 대해서는 별반 관심이 없다. 오히려 한국·중국·북한을 '한 덩어리의 전근대적 국가'로 간주하고 싶은 욕망이 개입되어 있다. 그리고 일본은 그 '동아시아성'으로부터 동떨어져 있다고 인식한다.

다만 이러한 인식과는 달리 한국의 법치 결여를 진지하게 파악하는 일본인도 있다. 대통령이 임기가 끝난 후에 체포되거나 기소되는 것에 관해서, 일본 내의 가장 큰 관심사는 역시 소급법 문제일 것이다. 이것을 어떻게 해석해야 하는가는 한국과의 '체제의 공유'를 강조하는 일본으로서도 매우 중요한 문제이다.

4.4. 거버넌스의 결여

최근에 가장 큰 사건은 세월호 침몰사건이었지만 이것 이외에도 한국에 사고나 불상사가 일어나면 일본의 석간지와 인터넷에서는 '한국사회의 엉성함'을 이러쿵저러쿵 야유 섞인 어조로 비판하는 일이 많다.

이와 같은 멸시적 시선의 배경에는 '일본은 거버넌스는 확실한 선진국인 데 반해, 한국은 거버넌스가 결여된 엉성한 나라다'라는 검증되지 않은 고정관념이 있다고 생각된다.

인터넷 등에서 이런 종류의 비판을 할 때 1997년 'IMF 위기'를 언급하는 경우가 간혹 있다. 세월호 사건이나 그 밖의 불상사와 'IMF 위기'는 직접적인 관계가 없다. 그러나 '혐한'파에게 있어서 한국에서 빈번하게 일어나는 사고·불상사·사건·파탄 등은 '한국인의 거버넌스의 결여'라는 하나의 소실점으로 수렴시켜 이해할 수 있는 일인 것이다.

4.5. 한국·조선의 '문화' 전반에 대한 혐오, 위화감

인터넷상에는 부정적인 가치를 포함하는 사건에 대해서 "한국의 문화는 이런 것"이라든가 "한국인의 수준은

형편없다"라는 등의 의견이 정말 많다.

'혐한'파는 한국문화의 부정적인 측면을 이야기할 때 "김치"라는 말을 사용해서 기호화하는 경향이 있다. 예를 들면 "이것도 김치 문화인가."라고 쉽게 말한다.

한국문화의 깊이나 넓이를 알지 못한 채 표면적인 '한국=뒤처지는 존재'라는 등식을 죄의식 없이 증폭시키고 있다. 여기에는 대상의 복잡성을 '문화'라는 한 마디로 모두 설명하려는 극단적인 환원주의가 존재한다. 대상 자체에 도달하고자 하는 의사는 없고, 오히려 대상에 대한 사고가 멈춰 있다는 것이 역력하게 드러난다. 그 사고 정지를 면책해 주는 것이 '문화'라고 하는 편리하고 폭력적인 언어 내지 개념이다.

4.6. 역사를 모른다, 역사를 마음대로 날조한다

한국인들은 "일본인은 역사를 모른다"라고 하는데, '혐한'파는 반대로 "한국인은 역사를 모른다"라고 한다. 이 부분은 '혐한'파의 가장 중요한 논점이자, 일본에서 '혐한'파가 독자적인 세력을 구축할 수 있었던 원천이라고 생각된다.

식민지 지배하에 일어났던 일이나 재일 한국인·조선인에 관한 역사뿐만 아니라 '조선왕조를 어떻게 볼 것인가'라는 논점에 대해서도 '혐한'파는 일관된 역사를 그려 낸다. 그 주장의 토대를 이루는 것은 식민지근대화론이고, 이는 식민지 시기의 조선정체론을 그대로 가져온 것이다. 그것은 "조선왕조는 거버넌스가 파탄 난 실패국가고, 그 황폐한 조선에 인프라를 정비해서 경제를 성장시킨 것이 일본이다."라는 역사관이다.

또 재일 한국인·조선인에 관해서는 사실주의에 입각해서 이야기한다. 즉 "강제연행으로 일본에 거주할 수밖에 없었던 코리언이 계속된 차별 속에서 얼마나 비참한 삶을 살았는가"라는 좌파의 도덕 지향적인 시선에 정면으로 대항하고, "강제연행이라는 사실은 없었다. 차별은 있었을지도 모르지만 그것을 웃도는 특권을 재일 한국인·조선인은 얻고 있다. 결코 비참한 삶을 영위해 오기만 한 사람들이 아니다. 오히려 특권을 얻고 있으면서도 거기에 만족하지 않고 일본 사회를 규탄해서 한층 더 특권을 얻어내려고 한다."라는 견해를 강력하게 주장하고 있다.

'혐한'파의 이러한 주장은 전부 다 황당무계한 것은 아니다. 만약 "이러한 주장은 말도 안 되는 허구이고 날조된 황당무계한 것이다"라는 인식에서 벗어나지 못한다면, 역으로 점점 '혐한'파가 늘어나는 결과를 가져올 것이다.

4.7. 피해자임을 강조하면서 자신의 이익을 최대화한다

2000년대에 들어 『조선일보』, 『중앙일보』, 『동아일보』 등의 일본어판이 충실해지면서 기사나 칼럼의 내용을 일반적인 일본인들도 읽을 수 있게 되었다. 처음에는 일본어의 질이 좋지 않았지만, 그 후 비약적으로 좋아졌고, 열람하는 사람도 매우 증가했다고 생각된다.

그로 인해 한국에 대한 위화감이 증폭된 것은 분명한 사실이다. 나는 많은 일본인이 한국 신문 기사와 칼럼 내용에 대한 위화감을 토로하는 것을 들었다.

위화감의 종류는 다양하지만, 그중에서도 특히 많은 것은 "왜 한국인은 뭐든지 일본을 앞지르려고 하는가. 일본에 대해 왜 저렇게 지나친 경쟁의식을 갖는가"라는 것이다. 이에 관해서는 다음 항목에서 서술할 생각이다.

그리고 "한국인은 자국이 피해자임을 항상 강조하고, 그것으로 자국의 이익을 최대화하려고 하는 것 같다. 이런 방식에는 위화감이 들지 않을 수 없다"라고 한다.

어쩌면 이것은 한국인들은 별로 의식하지 못하는 것일지도 모른다. '자국이 피해자임을 강조해서 자신들이 유리한 입장을 구축하는 데 이용한다'는 것은 한국인 또는 한국 미디어가 의식적으로 하는 행위라기보다는 오히려 무의식적으로 하는 행위에 속하는 것일지도 모른다. 한국인보다 일본인이 그것을 한층 민감하게 느낄 수도 있을 것이다.

박근혜 대통령은 취임 이래, 미국·유럽·중국에서 일본이 가해자임을 강조하고, 일본이 역사를 반성하지 않는 것을 비판함으로써 한국이 피해자라는 점에 초점을 맞추어 유리한 입장을 구축하려고 한다. 이것은 역대 한국 정권을 놓고 볼 때도 가장 노골적으로 '한국이 피해자라는 것을 호소했다'고 할 수 있고, 이것이 일본인의 의식을 상당히 강하게 자극하고 있다고 봐야 할 것이다.

4.8. 일본인을 항상 적대시하고, 비교·경쟁의 대상으로 삼는다

일반적인 일본인은 2000년경까지 일상생활에서 한국이라는 국가를 거의 인식하지 못한 채 살아왔다고 봐도 무방하다. 필자의 경험으로 볼 때 1990년대 중반의 일본 대학생들은 한국이 동아시아의 어디에 있는지 모르는 경우가 많았다. 또 중국과 한국의 차이에 대해서 혼동하는 경우도 많이 있었다.

2002년 월드컵 한일 공동 개최 전부터 특히 일본 텔레비전에서 한국 문화를 특집으로 다루는 프로그램이 많이 방영되었다. 주로 식문화나 생활 문화, 관광 명소 등을 소개하는 프로그램이었는데, 특별히 '깊이'가 있는 내용은 아니었지만, 민방 지상파 골든타임에 유명 탤런트가 한국을 여행하는 컨셉의 오락프로그램이 많이 방영되었고, 이것은 일본 대중들에게 '한국'을 인식시키는 데 압도적인 영향을 미쳤다고 판단된다.

이때까지는 좋았다. 다시 말해, 월드컵 공동 개최 후 2003년에 일본에 '한류' 붐이 일어나고, 그에 대한 호의적인 분위기가 지속되던 때까지는 좋았다. 그런데, 그 후 '한국에 대해 더 알고 싶다'고 생각한 일본인이 한국 주요 신문의 인터넷 일본어판을 접한 것이 한국에 대한 인식을 악화시킨 하나의 요인이었다.

한국인은 별로 의식하지 못할지도 모르겠지만, 한국의 신문 보도는 참으로 다양한 사항을 '일본과의 대비' 구도에서 접근한다. 예를 들면 중·고등학생의 체력 검사 결과를 다룬 기사에서 "일본의 중·고등학생의 수치는 이렇다. 우리나라가 여기서는 앞서고, 여기서는 뒤처진다."라고 비교한다. 이렇게 자국이 어느 지점에 서 있는지를 확인하는 데에 번번이 '일본과의 비교'라는 관점을 들고 나온다.

이것은 보통의 일본인에게는 큰 충격이었다. 나는 "왜 한국 신문에서는 번번이 일본을 비교의 대상, 경쟁의 대상으로 삼는가?"라는 질문을 2003년부터 2010년 사이에 정말 많이 받았다. 일본이 다른 나라에서 이렇게 항상 비교의 대상이 된다는 사실을 처음 접하고는 순수하게 놀란 것이다. 그런데 그 비교의 관점이 항상 '한국이 일본보다 앞서야 한다. 일본에 져서는 안 된다. 그러기 위해서는 어떻게 해야 하는가?'라는 것이었기 때문에 보통의 일본인은 매우 불쾌해 했다. 그것을 인터넷에서는 "짜증이 난다", "성가시고 기분이 나쁘다", "우리는 한국에 대해 아무 생각도 없는데 항상 경쟁 상대로 삼는 것이 불쾌하다"라고 표현한다.

4.9. '독일은 선, 일본은 악'이라는 논리의 허구성

보통의 일본인이 역사 인식에서 매우 혐오감을 느끼는 것 중 하나가 한국인들이 자주 이야기하는 "독일은 도덕적으로 과거 청산을 말끔히 한 것에 비해 일본은 아무것도 하지 않는다. 일본은 독일한테 배워야 한다."라는 논리다.

일반적으로 말해서, 일본에서는 이 논리에 대해 다음 두 가지 측면에서 심하게 반발한다.

a. 카테고리의 오류

하나는 "독일은 유대인 민족을 전부 말살하려고 했고, 일본은 조선인에게 그런 짓은 하지 않았다. 카테고리가 전혀 다른 두 사례를 나란히 놓고 비교하는 것은 옳지 않다."라는 것이다.

b. 이상화(理想化)할 수 없는 독일

또 하나는 "독일은 분명히 역사 청산을 말끔히 한 것처럼 보인다. 그러나 그것은 한국인이 이상화하는 종류의 청산이 아니고, 대개 피해자 측과의 타협의 산물이다. 한편 일본이 아무것도 하지 않았다는 한국 측의 주장은 단적으로 말해서 사실 오인이다. 독일을 이상화하고 일본을 그에 반해 비도덕적이라고 폄하하는 것은 잘못됐다."라는 것이다.

'독일은 선/일본은 악'이라는 이분법이 일본인에게 주는 심리적 혐오감은 꽤 크다. 위에서 밝힌 두 가지 반발 중에 a는 거의 이견 없이 일본인들 사이에 공유되는 인식이라고 할 수 있다. 이 인식의 토대 위에 다음과 같은 두 가지의 파생적인 인식이 강력하게 도출되었다.

a-1. "독일의 유대인 말살과 일본의 조선 식민지 지배를 동일선상에 놓고 논하는 것은 논리적으로 잘못됐다. 오히려 유럽 국가들이 지금까지 아시아·아프리카 국가들에게 일절 식민지 지배에 대한 사죄를 하지 않았던 데 반해, 일본은 솔선해서 한국에 사죄해 왔다. 일본과 독일, 유럽을 논리에 맞게 동일선상에 놓고 평가하려면, 민족말살이 아닌 식민지 지배에 대해서 논해야 할 것이다." 이것은 논리적으로 틀리지 않다. 오히려 한국인이 '일본은 독일한테 배워라'라고 주장하면 할수록 일본인의 반발은 강해질 것이다. 그것은 감정적인 반발이라기보다는, 논리적인 오류를 범하면서까지 일본을 악의 진영에 빠트리려고 하는 한국인의 심성에 대한 논리적인 반발이다.

a-2. "왜 한국인은 민족말살과 식민지 지배를 동일선상에서 논하고 싶어 하는가? 이것은 오로지 자민족이 받았던 피해를 과대하게 평가하고 싶은 심정에서 나오는 것일까? 아마 그렇지 않을 것이다. 식민지 시대에는 일본에 협력한 친일파 조선인도 있었다. '유대인 말살=식민지 지배'의 역사관으로 보면, 친일파들은 나치 독일에 협력한 유대인이나 프랑스인 등과 동일선상에 있는 '비열한' 존재가 된다. 분명 대한민국 건국 이래의 역사에서 정권의 정

당성을 강조하고, 친일파 문제를 척결할 때의 심정으로서, 일제의 소행을 최대한 악으로 규정해야만 하는 이유가 있을 것이다." 이러한 인식은 '일본의 식민지 지배를 평가하는 축이 한국의 국가적 정통성을 확립하려는 의도에 의해 강하게 좌우되고 있다'고 여긴다. 물론 이 생각에는 설득력이 있다. 그러나 이 방향성만을 강조하면 '한국인이 주장하는 역사 인식은 모두 한국인 내부의 문제'라는 잘못된 견해를 지지하는 셈이 된다.

다음으로 위에서 언급한 b의 반발에 관해서도 두 가지의 다른 파생적인 인식이 생겨났다.

b-1. 좌파의 일부는 다음과 같은 인식을 가지고 있다. "독일이 역사 청산을 성실하게 이행하고 있다는 것은 허위다. 분명히 나치의 소행에 관해서는 전후에 완전히 그것과 연을 끊었다고 선언했다. 그러나 그것은 전후의 국제질서 속에서 반강제적으로 선택할 수밖에 없는 길이었고, 또 독일은 유대인 세력과 타협하지 않으면 안 되는 경제적인 이유도 있었다. 즉 이것은 유럽과 미국의 특수한 사정하에서 행해진 것이고, 일본이 그와 동일하게 행동할 필요는 없을 뿐만 아니라 오히려 정치, 외교, 경제적인 사

정이 완전히 다른 동아시아에서 일본이 독일과 동일하게 역사 청산을 하는 것은 잘못이다." 이 인식의 틀에서 무엇보다 강경한 입장은 "동아시아에서 일본이 제2차 세계대전에 가담한 것은 자위를 위한 전쟁이었고, 일본의 침략 전쟁이 아니었다. 도쿄 재판은 잘못된 재판이다."라는 입장이다. 아베 신조 정권의 이데올로기적 본질은 이러한 입장이다.

b-2. 보수파 및 리버럴파 일부는 다음과 같이 인식한다. "틀림없이 독일은 유럽의 특수한 사정 속에서 역사 청산을 할 수밖에 없었고, 따라서 독일을 지나치게 이상화하는 것은 잘못이다. '독일은 선, 일본은 악'이라는 이분법적인 인식을 한국이 세계 여기저기에 말하고 다니는 것은 곤혹스럽다. 그러나 그건 그렇다 하더라도 독일이 꽤 효과적으로 역사 청산을 해결해 온 것도 사실이다. 브란트 서독 수상이 폴란드 바르샤바의 유대인 게토 기념비에서 무릎을 꿇었던 것은 독일의 진지한 자세를 실로 인상적으로 세계에 알렸다. 일본은 왜 그런 것을 하지 못하는가? 사실상, 역사 청산에 관해서 일본이 지금까지 한국에 한 것을 보면 독일에 비해 손색이 없다." 이 생각을 리버럴 세력이 피력하는 경우에는 다음과 같은 결론이 난다. "일

본 정부는 독일에 비해서 너무나도 전달 능력이 떨어지기 때문에 한국 국민의 마음에 일본인의 심정을 조금도 전하지 못한다. 이 점을 일본 정부는 진지하게 반성해야 한다. 그리고 일본의 반성과 성의가 명확히 전해질 수 있는 어떠한 행위를, 지금부터라도 일본 정부는 해야 한다." 그러나 역으로 보수파가 위와 같은 인식을 취할 경우에는 다음과 같은 결론이 난다. "일본은 이 이상의 것을 할 필요가 없다. 한국에 이미 충분히 반성과 사죄를 했다. 이것은 독일과 비교해도 아무런 손색이 없다. 그런데도 무릎을 꿇는 등의 단순한 퍼포먼스에 지나지 않는 행동을 평가하는 것은 이상하다. 더 이상 그런 유치한 논의에 상대할 필요가 없다."

4.10. '한류' 또는 일본의 '한류' 팬에 대한 혐오

이것은 일본 내의 문제지만, '혐한'파는 '한류' 팬을 상당히 멸시의 시선으로 바라보는 것 같다. 그 멸시의 시선은 다음과 같이 분류될 수 있다.

a. '한류' 스타를 열광적으로 따르는 중장년층 일본 여성에 대한 멸시적 태도

2003년 〈겨울 연가〉의 붐이 크게 일고 난 후, 배용준이나 이병헌 등 한국 남자 배우를 좋아하는 일본인 여성

팬을 바라보는 일본 사회의 시선이 차갑지는 않았다. 오히려 중장년층 여성이 특정 배우(영화·텔레비전뿐만 아니라 가부키 등 전통 예능도 포함)나 가수의 팬이 되어 '따라다니는 것'은, 이전부터 있던 일본의 '전통'이었다. 따라서 그 대상이 한국인이라는 것에 대한 놀라움은 컸어도 중장년층 여성이 남자 배우나 남자 가수의 팬이 된 것 자체는 일본에서는 이상한 일이 아니었다. 오히려 그와 같은 정신 풍토가 없는 한국에서 보면 이 광경은 '이상한 것'으로 보인다. 가정을 가진 평범한 주부가 특정 남자 배우나 가수의 팬이 되어서 콘서트와 팬 미팅에 열을 올리고, 많은 돈을 소비하는 문화가 한국에는 없다. 그러나 일본에는 가부키 배우나 가수 등의 팬층이 두텁고, 한 번 팬이 되면 오래도록 그 대상을 지지하고, 끝까지 계속 존경하는 문화가 있다.[11]

그런데 그와 같은 팬에 대해서는, '특별하게 지지하고 후원한다'라는 긍정적인 개념과, '경박하게 유행에나 휩쓸린다'라는 부정적인 개념이 존재한다. 전자는 전통 예능 등에서 특정 개인에 대한 숭배어린 심취를 가리키고,

11) 한국인 연구자가 '팬덤'이라는 말을 써서, 한국 대중문화가 그런 '여성 팬'을 '창출'했다는 국가주의적인 '분석'을 했는데, 여기에는 일본 대중 예능의 세계관에 대한 무지가 개재해 있다.

후자는 대중문화에 대한 반지성적인 열광을 뜻한다.

'혐한'파는 '한류' 팬을 후자로 인식했다. 지성이 결여된 반주체적인 존재로 보고 멸시했다. 그러나 앞에서 서술한 대로 특히 초기 '한류' 팬의 인식은 달랐다. 그러나 그렇게 멸시함으로써 '한국 배우나 가수를 숭배하는 전대미문의 사건'에 대해서 어떻게든 정신적인 우위를 유지하려고 했던 것일지도 모른다.

b. '한류' 콘텐츠 자체에 대한 경멸

이것은 인터넷 공간의 '혐한'파의 일부(전부는 아니다)가 소위 '오타쿠'라고 추정되는 것과 밀접한 관련이 있다. '한류'는 초창기에 분명 일본 중장년층 팬의 마음을 확실하게 사로잡았다. 그러나 〈겨울 연가〉를 시작으로 한 한국 드라마는 눈이 높아진 일본 서브컬처의 입장에서 볼 때, 처음에는 기이한 것으로 보였다. 진부한 드라마투르기(Dramaturgie), 진부한 세계관, 진부한 연출, 엉성한 세부 등 모든 요소가 '진부하다', '촌스럽다', '엉성하다'라는 가치로 평가되었다.

일본의 오타쿠적인 감성에서 보면 한국 드라마의 세계는 모두 진부한 것으로 보였음에 틀림없다. 그러나 드라마투르기, 세계관, 연출 등 모든 면에서 한국 드라마는 일본의 오타쿠가 알고 있는 세계와는 다른, '또 다른 매력'을 보여 주었던 것이다. 포스트모던 이후 일본인의 일부는 포스트모던적인 세계관에 매력을 느끼지 못하고 있었다. 대중의 심리를 간과한 채, 일본의 대중매체는 포스트모던적인 가치의 공급에 지나치게 초점을 맞추었다. 이러한 현실에 대한 이의 제기로서, '한류'는 일본 사회에서 정당한 가치로서 기능했던 것이다.

그러나 일본의 포스트모던적 감성은 한국 드라마를 대표로 하는 콘텐츠를 기이한 것으로 보고, 질이 낮은 것으로 해석했고, 경멸했다. 이와 같은 구조하에, '혐한'파의 입장에서 보자면 '한류'팬은 진부하고 질이 낮은 작품에 열광하는, 정체를 알 수 없는 반지성적인 사람들이었던 것이다.

5. 맺으며

지금까지 살펴본 것처럼 '혐한'이라는 현상은, 그것이 형성된 배경도 주장하는 내용도 다양하고 복잡하다. 다만 이것이 '전후 일본'이라는 체제에 대한 안티테제적 성격을 가지는 것은 분명하다. 고로 '혐한'이 현재 아베 신조 정권과 친화성이 있는 것은 사실이지만, 그런 이유로 단순하게 이를 '보수 반동'으로 규정하는 것은 옳지 않다. 아베 신조 정권의 지지자도 '혐한'파도, 자신들은 '전후 일본'이라는 허위로 가득 찬 체제를 변혁하는 혁신자라고 생각하고 있다. 그런 의미에서 그들은 '한일 우호 프레임'이야말로 리버럴한 반일=반동의 세계관이라고 주장한다.

'혐한'파의 주장을 전면적으로 틀렸다고 생각해서는 안 된다. 오히려 '좌익이나 리버럴이 정서적·이데올로기적으로 파악했던 한일 관계를, 사실주의와 사실에 근거하여 바로잡아 간다'는 문제의식에서 합당한 측면이 있다. 그렇기 때문에 많은 일본인이 이 '혐한 프레임'에 흡수되고 있다. 이것을 '사악한 침략주의의 부활'이라든지 '민족차별주의자의 망언'이라는 형태로 가둬버리려고 한다면, 오히려 점점 '혐한'파의 세력은 거세질 것이다.

그렇다 하더라도, '혐한'파의 주장이나 심정의 대부분은 '사실의 총체'에 의해 구축되어 있다기보다는 '자신들이 보고 싶은 사실만'으로 구축되어 있다. 이런 의미에서 '혐한 프레임'도 또한, 좌익의 역사관·한국관과 마찬가지로 허위의 구조물인 것은 분명하다.

이 배경에는 동아시아에서 우리가 아직도 여전히 '사실의 총체'에 의한 역사상(像)·타자상·자기상을 구축하지 못했다는 문제가 놓여 있다. 동아시아 어떤 나라의 어느 진영도 자신들에게 유리한 '사실처럼 보이는 것'을 수집해서 자신들에게 유리한 역사와 타자상, 자화상을 조작하는 것에 불과하다.

'혐한 프레임'은 그와 같은 동아시아의 허위 상(像)들의 틈새에 드러난, 정의감에 가득 차 흡입력은 있지만, 그런 고로 슬픈 하나의 공허한 누각인 것이다.

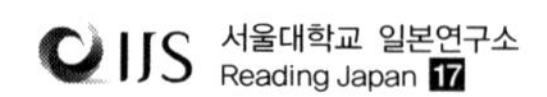
IJS
서울대학교 일본연구소
Reading Japan 17

질의응답

Q. 재일 미군에게 특권이 더 있는데 왜 재일 미군에 대해서 혐미 운동이 생기지 않는 것일까요?

Q. 현재 일본이라는 나라가 전 세계에 알려지고 강대국이 될 수 있었던 비결이 무엇이라고 생각하십니까?

Q. 혐한파와 혐중파의 차이점이 무엇이고 어떻게 연대하고 있는지 궁금합니다.

질의응답

〈제178회 일본전문가 초청세미나〉

- 주제: 일본의 혐한파는 무엇을 주장하는가
- 강연자: 오구라 기조(小倉紀蔵)(교토대학교 교수)

서울대 일본연구소 178회 전문가 초청세미나에서 교토대 오구라 기조 교수가 '일본의 혐한파는 무엇을 주장하는가'라는 주제로 발표했다. 당일 강연과 토론은 모두 한국어로 이루어졌다.

오구라 기조: 오늘 주제가 혐한파에 대한 이야기라서 한국 분들로서는 듣기가 당연히 불편하셨겠지만 가급적 객관적으로 혐한파들이 어떤 시각에서 일본,

한국, 북한 그리고 재일동포들을 보고 있는지 분석하고 제 생각을 간략히 말씀드렸습니다. 우선 이런 주제를 박철희 교수님께서 선정하신 이유가 무엇인지 궁금합니다.

박철희 교수님: 오구라 선생님께서 연구하고 계신 것을 알았기 때문입니다. (웃음)

오구라 기조: 10년 전, 20년 전 한국인들은 혐한파와 같은 사람들의 논리를 알려고 하지도 않았고, 그런 사람들을 이상하게 취급하고 말았을 텐데, 요즘 제가 보기에 일본인보다 한국인들이 훨씬 더 여유가 있고 심리적 폭이 넓은 것 같습니다. 그런 논리를 적어도 이해하려고 하는 마음이 있으니까요. 물론 불쾌하지만 말입니다. 또 박철희 교수님께서 간이 크시기 때문에 제게 얘기를 시키신 것 같습니다. (웃음)

질문1: 한일산업기술협력재단의 이후광이라고 합니다. 저는 경제전공자입니다. 중국의 부상에 따라 일본의 정치외교의 입장이 바뀌었다는 책을 읽은 적이 있는데 혐한이 중국과의 관계에 의해 어떻게 변하는지 궁금합니다. 또한 혐한 서적을 보면 '한국의 노동 생산성이 일본의 4분의 1이다'라는 사실과 다른 것이 많이 나와 있는데, 제가 아는 일본에서 그렇게 거짓말하는 책을 출판한 사실이 이해가 가지 않습니다. 출판 리스크를 생각하지 않기 때문이 아닌지 궁금합니다.

답변1: 중국 문제에 대해서는 잘 모르겠습니다만, 아베 정권과 보통 일본인은 다릅니다. 아베 정권은 중국에 끝까지 대항하려고 하는 생각이 있지만, 보통 일본인은 정신적, 심리적인 힘이 없습니다. 중국과 더 이상 사귀고 싶지 않다는 생각이 있지만, 중국의 부상에 어떻게 대응할지 생각하지 않습니다. 한국의 중국 경사(傾斜)에 대해서는 핵심적인 혐한파가 아닌 경우에도 "한국이 중국으로 갔구나" 하는 허탈감이나, 한국에 대해 "믿을 수 없었던 친구였구나" 하는 섭섭함을 느끼고 있는 것 같습니다.

출판 리스크에 대해서는 잘 모르겠습니다. 믿을 수 있는 출판사는 적어도 그런 책을 출판하지 않고 있습니다. 하지만 이와나미 서점(岩波書店)이나 일본의 큰 출판사들이 지금 몰락하고 있습니다. 그런 출판사들의 책을 사람들이 사려고 하지 않고, 재밌는 책이나 진실이 아닌 책만 사려고 하기 때문입니다. 하지만 저는 이러한 현상을 일시적인 것으로 보고 있고 내년에는 이러한 경향이 누그러질 것이라고 생각합니다. 너무나 내용이 똑같기 때문입니다. 고등학생도 그런 책을 쓸 수 있을 것입니다. "한국 사람들은 종속적이고 사대주의적이다."라는 식으로 말하면서 1차 자료를 증빙할 필요는 없으니까요.

질문2: 일본에서 온 사사에라고 합니다. 재일 미군에게 특권이 더 많이 있는데 왜 재일 미군에 대해서는 '혐미 운동'이 생기지 않는 것일까요? 또 하나는 일본의 이런 현상이 언제까지 계속될 거라고 생각하시는지요?

답변2: 〈재특회〉 사람들이 인상을 남긴 첫 번째 데모가 조총련계 조선학교에 대한 데모였습니다. 자신보다 약한 사람들에 대한 폭력이었기 때문에, 〈재특회〉가 주장하는 내용 중에는 맞는 점도 있지만 일본 사람들에게 거부감을 주었습니다. 초등학교 앞에서 데모를 해서 공감대를 형성할 수는 없는 것입니다. 하지만 (〈재특회〉는) 미국이라는 큰 상대에 대응할 만한 간 큰 사람들이 아닙니다. 점점 이런 혐한 현상들이 적어질 것이지만 완전히 사라지지는 않을 것입니다. 이것은 어쩔 수 없습니다. 그러면서도 표면적으로 혐한이 일단 재밌기 때문에 주목하는 것입니다. 일본인은 한국이라는 나라를 잘 모르고 있다가, 2002년 한국을 매우 매력적인 나라로 인식하게 되었습니다. 이는 『아사히신문』이 1960~1970년대 북한을 지상낙원이라고 하던 것에 대중들이 나중에 반발한 것과 비슷합니다. 혐한은 한국을 매력적으로 느끼는 사람들의 주장에 대해서 반박하고 있기 때문에 책을 사는 사람들은 한류도 재밌고, 혐한류도 재미있다고 합니다. 그 재미라는 것이 아마 그렇게 오래가지는 않을 것입니다. 내용이 모두 똑같기 때문입니다. 그래서 내년부터는 한국을 제대로 알자는 책들이 많이 나왔으면 좋겠고, 제 주위에서도 준비하고 있습니다.

질문3: 현재 일본이라는 나라가 전 세계에 알려지고 강대국이 될 수 있었던 비결이 무엇이라고 생각하십니까? 노벨상 수상자도 많이 배출되고 일본 문화도 전 세계에 알려지고 있는 이유 때문인 것인지 궁금합니다.

답변3: 아주 어려운 질문입니다. 문화적으로 역사를 오래 보면 10세기부터 문화가 있었겠지만 메이지유신 이전에 금, 은 산출이 많았고, 그것으로 문화를 교환하기 시작하여 축적해 왔던 것이 힘이 되지 않았나 생각합니다. 지금 일본에는 광물 산출이 전혀 없습니다. 자산은 다 써 버렸습니다. 영국은 남아프리카에서 아직 다이아몬드를 얻지만 일본은 지하자원이 없어 앞으로 어떨지 모르겠습니다. 메이지, 다이쇼, 쇼와 시대에 갑자기 커진 것은 아니라고 생각합니다. 부의 축적이 있었다고 생각하지만 최근 20년을 보면 다 써버린 상태가 되지 않았나 생각합니다.

질문4: "센송하다"라는 말을 아십니까? "조센징이라서 죄송합니다"라는 디시인사인드 역사 갤러리에서 사용하는 말입니다. 요즘 한국 사람 중에서 반일 감정에 대해 반성하는 목소리도 있습니다. 세미나 주제가 기이하다고 생각되는데, 일본에서 혐한파와 반한파가 나올 수도 있는 것이 아닌가 하는 생각이 듭니다. 저는 어릴 적부터 반일 교육을 받아 와서 일본이 북한보다 나쁘고 북한과 손을 잡아서라도 무찔러야 하는 나라로 인식하였습니다. 남벌이라는 말이 있듯이 말입니다. 한국에도 일본과 친해지려는 세력이 없는데 일본에서 혐한파나 반한파가 나오면 안 된다는 생각은 좀 이상합니다. 이것은 한국인이 풀어야 할 문제가 아닐까요?

답변4: 저도 공감합니다. 혐한파가 나쁘지는 않지만 〈재특회〉는 나쁘다고 생각합니다. 혐한파가 일본에서 세력을 확대시킨 이유를 알아야 한다고 생각합니다. 그 이유 중에는 합당한 이유도 있고, 사실이 아닌 것을 토대로 잘못된 인식을 쌓아온 부분도 있습니다. 그것은 잘못된 것이기 때문에 일본이 받아들일 수 없습니다. 그렇지만 혐한파 자체가 나쁘다는 것은 아닙니다.

질문5: 혐한파와 혐중파의 차이점이 무엇이고 어떻게 연대하고 있는지 궁금합니다.

답변5: 보통 혐한파는 실망을 나타냅니다. "한국은 믿을 수 있는 상대라고 생각했지만 역시 중국 쪽으로 가버렸구나"라고요. 그건 2012년 (이명박 전 대통령의) 독도 방문 이후 생긴 것입니다. 혐중파는 처음부터 믿음이 없습니다. 중국을 믿으려고 하는 마음이 없고 완전히 다른 나라이고, 사귀어야 하지만 마음으로부터의 신뢰를 절대로 가질 수 없는 나라라고 생각하고 있습니다. 한국은 한 마디로 '가 버렸다.'라는 말이 정확할 것 같습니다.

질문6: 뉴시스의 전혜정 기자입니다. 교수님께서 생각하시는 독도 문제의 해법이나 혐한파가 생각하는 독도 문제에 대해 문제점이 있다면 어떤 것이 있는지 궁금합니다.

답변6: 독도 문제는 어려운 문제입니다. 영토 문제나 역사 인식 문제를 너무 단순화시켜서 보도하고 인식하는 경향이 한국에 있습니다. 독도 문제는 따지고 보면 '일본 것이다', '한국 것이다'라고 단정할 수 있는 정당한 이유가 서로 없습니다. 사료가 너무 복잡하기 때문입니다. 지명도 엇갈리기 때문에 '독도가 원래 우리 땅이다', '다케시마가 일본 고유의 영토다.'라는 주장은 있을 수 없고 비생산적입니다. 혐한파의 영토에 대한 인식도 그렇습니다. 한국의 독도에 대한 인식과 일본 혐한파의 다케시마에 대한 인식이 완전히 대칭형으로 되어 있습니다. 여러 심포지움에서 생산적인 내용이 많이 나오지만 언론이 틀에 박힌 보도만 계속하면서 기사를 내기 때문에 그것이 문제라고 생각합니다.

질문7: 박철희입니다. 틀에 박힌 보도에 대해 말씀하셨는데, 지난달 저희 연구소가 개최한 독도 세미나에 대해, 언론은 선정적인 내용이 없어서 쓸 게 없다고 말했습니다. 한일 관계에서는 선정적으로 쓰고 싶어 하는 욕구가 있는 것 같습니다. "한국과 일본이 대등해졌는데 서로 의존하려 한다."라고 말씀하셨는데, 의존이 아니라 서로에게 지나치게 기대하는 것은 아닐까 생각합니다. 한국도 일본에게 지나치게 기대하는 것이 크고 일본도 한국에 기대하고 있는 것이 너무 큰 것 같습니다. 또한 "한국은 약소국, 피해의식이 있고, 중국에 사대주의를 가지고 있다."라고 하는 기무라(일본의 한국 연구자) 사관이 일본에서 유행하고 있습니다. 한국을 제대로 보는 사관이 없을까 궁금합니다.

답변7: 기무라 사관은 혐한 사관과 비슷합니다. 어떤 식으로 또 다른 한국 인식론을 만들 수 있냐는 점에서는 한국 측이 일본 사람들에게 설명을 해야 합니다. '왜 조선왕조 때는 이런 사고방식을 가질 수밖에 없었는지', '그걸 가졌기 때문에 우리도 60~70%는 행복했다.'라고 말입니다. 나머지는 사람마다 다르니 모르지만 '주자학적 생각을 택했기 때문에 불행하지 않았다.'라는 것을 설명해야만 합니다. 그 당시의 삶이 어떠했는지 일본인은 상상할 수 없습니다. 항상 다툼하는 한국 역사를 보면서 그냥 싫어지는 것입니다. 미화시킬 필요는 없지만 왜 그런 선택을 했는지 제대로 설명해 줄 수 있는 틀이 필요합니다. 매력적인 한국상을 만들기 위해서는 우선 한국 사람들이 그러한 인식의 틀을 만들어 내야 할 필요가 있고 그것을 설명해 줄 필요가 있습니다. 중국이 한국의 역사를 쓰기 시작하는데, 중국이 한국에 대해서 역사와 문화까지 지배하려는 상황에서 한국이 주체적으로 설명해 나가야 합니다.

질문8: 정치 문제와 역사 문제가 분리 가능하리라고 보십니까?

답변8: 일본의 경제 연구가는 삼성이 휴대폰을 팔면 일본의 하청업자가 돈을 벌게 되는 구조가 되면서 상호 이익을 충분히 챙길 수 있다고 말합니다. 정치가 역사 문제와 별개로 경제적 상호 이익 관계를 강조해야 하는데, 오히려 경제가 한일 간에 좋은 관계를 유지시키고 있습니다.

講演録

ただ、たしかなことは、これは「戦後日本」というレジームに対するアンチテーゼという性格を持っていることであり、それゆえに現在の安倍晋三政権と親和性があるのは事実だが、そのことを以て単純にこれを「保守反動」と規定するのは間違っている、ということである。安倍晋三政権の支持者も「嫌韓」派も、自分たちは「戦後日本」という虚偽に満ちたレジームを変革する革新者だと考えている。

講演録

日本の嫌韓派は何を主張しているのか

小倉紀蔵

1. 「嫌韓」する人びと

1.1. 「嫌韓」と「ヘイトスピーチ」

まずわれわれが持つべき認識として重要なのは、「嫌韓」派と「ヘイトスピーチ」をする勢力とは異なるという事実である。このことは日本国内でもしばしば混同されがちであるし、韓国ではそもそも「嫌韓」派と「ヘイトスピーチ」派の区別はほとんどできていないのではないかと思われる。大雑把にいえば、多数の「嫌韓」派のなかにごく少数の「ヘイトスピーチ」派が部分集合として含まれる、という関係になるが、もちろん穏健な「嫌韓」派は「ヘイトスピーチ」派に対してまったく賛同しておらず、この意味でいえば両者は排他的な関係でもある。

ヘイトスピーチを行っているのは、「在特会」というグループを代表とする勢力である。「在特会」(正式名称「在日特権を許さない市民の会」)は2007年に結成され、2014年まで会長として過激な言動を主導したのは桜井誠である。

「在特会」は公然と、あからさまに、大声で、確信犯的に韓国を糾弾するが、大多数の「サイレント・コリアフォービア」は私的空間で、あいまいに、静かに、いらだたしく韓国を嫌悪する。

「在特会」の活動(ヘイトスピーチ)に関しては、日本の法廷で有罪判決および賠償金支払い命令を受けているし[1)]、この活動を支持する日本人はごく少ない。

この本では、日本での少数派である「ヘイトスピー

---

1) 京都の朝鮮初級学校に対する「在特会」によるヘイトスピーチに関する裁判において、京都地方裁判所は2013年10月、「在特会」の街宣活動は人種差別に当たるとして、学校の半径200メートル以内での街宣禁止と約1200万円の賠償を命じた。その後、二審の大阪高裁も一審判決を支持し、2014年12月に最高裁が「在特会」の上告を斥け、高裁判決が確定した。

チ」派ではなく、より多数派である穏健な「嫌韓」派に焦点を当てて述べることにする。過激なヘイトスピーチはもちろん日本社会の恥部であり、この問題を決して軽視してはならないが、これに焦点を当ててしまうと、より多数の穏健な「嫌韓」派の重要な論点を見逃してしまうことになる。

穏健な「嫌韓」派の論点には、大きくいって二つの重要な軸がある。そのひとつはもちろん、「韓国への批判」である。だがもうひとつの論点も重要である。それは、「戦後日本のヘゲモニーに対する挑戦」である。「戦後日本」という時空間の欺瞞性に対する異議申し立てを、「嫌韓」というイシューに同一化させて日本社会に訴えているといってよい。つまり、「嫌韓」派は、「戦後日本」に対する総体的な対抗軸を構築しようとしている。

彼らの主張はこうだ。「戦後日本は、実質的には左翼ないしリベラルの国家であった。むしろリベラルすぎた。その枠組みのなかで、朝鮮半島は過剰に「聖域化」された。1970年代までは日朝友好、1980年代以降は日韓友好が絶対的な掟となった。それを批判する人や勢力は道徳的な負の烙印を押されて社会的に排除される圧力まで受けた。この理不尽さを解消しなくては、日本は「普通の国」にはなれない」。

この論調が、安倍晋三政権の「普通の国」志向と平仄を合わせて力を得ているといってよいであろう。この考えからいえば、戦後日本における自民党長期執権の意味は、「リベラルな似而非保守」による統治だった、というものである。自民党主流はリベラルだったのだから、真の保守たる非主流(清和会系)が政権を掌握することは「極右化」ではなく「ふつうの保守化」なのだという論理と心理である。

また、「嫌韓」派による韓国批判は、「北朝鮮バッシング」とは異なるという理解もまた重要である。2002年から顕著になった「北朝鮮バッシング」[2)]もまた、「戦後日本のヘゲモニー」に対する挑戦であった。なぜならオールドな左翼は1960年代から80年代に北朝鮮をさんざん称揚したからである。しかし「北朝鮮バッシング」は、北朝鮮を「独裁、無法、恐怖政治、理解不可能、経済破綻、失敗国家」と見ているのに対し、「嫌韓」派の多くは韓国を「成功した勝利者、卑怯な勝利者、信用できない相手、い

2) 2002年9月の小泉純一郎首相訪朝の後、拉致問題をめぐって日本国内で激烈な北朝鮮批判が十年以上にわたって繰り広げられた。

まや対等にものをいわなくてはならない相手」と見ている[3)]。この点において「嫌韓」は、朝鮮民族(北朝鮮と韓国を含む)全体に対する嫌悪感という側面を持つと同時に、「北朝鮮ではなく韓国」を弁別的に嫌悪するという側面をも持っている。

先に述べたように、「ヘイトスピーチ」派(在特会)と一般の「嫌韓」派は別のものである。ただ、「在特会」のデモには当初、「在特会」とは関係ないふつうの人びと、家族、ベビーカーに子どもを乗せた母親なども参加していた。このことが世間の耳目を集めた。なぜあれほど激しい他者攻撃をするデモに、ごくふつうの家族連れが参加するのか。その理由は、デモ参加者たちが韓国についての基本的知識を持っておらず、「在特会」の主張に容易にからめとられてしまったからである。「こんなにひどい隣国があるのか。在日韓国人·朝鮮人はこんなに無節操に日本社会に寄生しているのか」という比較的素朴な驚きが、彼ら彼女らをデモに向かわせた。この人たち

3) もちろん「嫌韓」派のすべてが韓国を勝利者と見ているわけではない。しかし彼らによる「韓国は没落する」「韓国はそもそも失敗国家」などという言説には、無意識的に韓国がこれ以上大きくなることへの恐怖、嫌悪が介在していると考えられる。だがその「無意識」の部分を「嫌韓」派は否定するであろう。

はまた、「自分たちは日本人である。だからきちんとした人たちである」と認識しており、「それに比べて韓国·北朝鮮·在日の人びとはきわめて民度が低い」と認識している。

1.2. 「在特会」の主張

本書では「在特会」について詳しく立ち入ることはしないが、彼らが主張している「在日特権」というものがいかなるものであるか、一応知っておくことも重要である。「在特会」のアジェンダ·セッティングは巧みであり、在日韓国人·朝鮮人の実態をよく知らないふつうの日本人に驚き(「在日はそんなに特権をたくさん持っているのか、けしからん」)を与えるのに成功した。以下は、「在特会」の主張のうち主なものである。

① 特別永住資格

まずもっとも重大な問題として認識されているのが、「特別永住資格」である。1991年の出入国管理特例法によって、在日韓国人·朝鮮人などに特別永住資格が与えられた。これに対して「在特会」側は、「強制連行の被害者だから特別永住資格を与えられるのは当然、という在日側の主張はウソ」であるとしている。だが日本政府の公式的な見解は、「特別永住資格は特権ではない」「歴史的な経緯と日本での定着性を踏まえた配慮である」(法務省入国管理局)というものである。これに対しては、「どこかの時点で、通常の外国人と同じ永住制度に一本化することが必要」という橋下徹大阪市長の見解も一定の説得力を持っている。

② 生活保護

次に生活保護の問題がある。「在特会」は、「在日韓国人·朝鮮人への生活保護の給付率が高い。これは特権だ」と主張している。日本政府の見解は、「生活保護に関して、国籍で受給を判断していない」(厚生労働省)というものである。

③ 年金

年金の問題にかんしては、「在特会」は「在日は受給資格がないのにもかかわらず年金の給付を受けている」という主張を展開している。

④ 本名隠し

「本名隠し」の問題もある。これは「在特会」だけでなく一般の「嫌韓」派も、「朝日新聞など主流メディアは、在日韓国人·朝鮮人が犯罪の被疑者となっても本名を報道せず、通名で報道する」と主張したり、考えたりしている。

日本で凶悪な犯罪が起きると必ず、ネット上では「チョンじゃないのか」という書き込みがされる。「チョン」は韓国人·朝鮮人への伝統的な蔑称である。日本のメディアは、在日韓国人·朝鮮人の場合、逮捕された時点では通名で報道する場合が多い。逮捕者の名が公表されるや、ネット上では名字と名の両方にわたって、「韓国人の名に多い字である」とか「在日に多い名である」などという推測がなされる。そのなかにはもちろん、間違った知識にもとづく荒唐無稽な推測も含まれている。

⑤ 犯罪率

④の背景には、在日韓国人·朝鮮人の犯罪率の問題がある。「嫌韓」派は、「在日には犯罪者が多い。日本社会の治安の悪化と関係している」と考えている。しかしこれは統計で証明できるわけではなく、印象論の範疇

を出ない。

⑥ 朝鮮学校

高校の授業料無償化、就学支援金支給に朝鮮学校を含むか、という問題に関しても「在特会」は反対意見を出している。日本の高校授業料を無償化するという民主党政権の政策(2010年度から実施)に関して、朝鮮高校をその対象に含むべきか否かという大きな論争が日本ではあった。「在特会」の主張は、「拉致に関与している疑いのある北朝鮮の教育機関に国民の税金を投入するのは間違い」というものである。

2. 「嫌韓」の歴史

2.1. 「嫌韓」の歴史

「嫌韓」の起源はどこにあるか、という問題はむずかしいし、論者によって見解が異なるだろう。もっとも長く見れば、白村江の戦いの前後から日本人(百済系日本人といってもよい)のなかに強く醸成された新羅に対する嫌悪感にその淵源を求めることもできるだろう。

また明治時代には、征韓論の主張とともに朝鮮に対する侮蔑的なまなざしが強くなる。そして植民地時代にはさまざまな形で朝鮮の後進性を客観的な認識として定着させようとした。

第二次大戦後のどさくさ期には、朝鮮人が「戦勝国民」と自己規定して闇市などで横暴な振る舞いをしたことにより、朝鮮人に対する強い嫌悪感が形成された。

だが本書では、歴史をごく短く見ることにしよう。その理由のひとつは、「嫌韓」派自身が歴史について長いスパンの正確な知識を持っているとはいえないからだ。またしたがって、現在の「嫌韓」感情に、長いスパンでの歴史が影響を及ぼしていないわけではないが、重要なのは主に最近における日韓関係の影響であるからだ。

ごく短いスパンで考えてみると、「嫌韓」の高まりは1990年代からの日本における韓国に関する「偏向」報道に刺激されたという要因を持つ。

具体的には、1996年5月に2002年ワールドカップ·サッカー日韓共催が決まると、日本のメディアはこぞって「韓国を知ろう」「韓国と仲よくなろう」という論調を開始したことが、重要な刺激剤となった。この論調をここでは「日韓友好フレーム」と呼ぼう。

日本における「日韓友好フレーム」は、2002年のワールドカップ共催まで続いた。そしてこの2002年に、拉致問題を契機として激烈な北朝鮮バッシングが巻き起こったことも、「日韓友好フレーム」と関連性があったと見るべきであろう。

そのことが、2003年頃から始まった「韓流」ブームの土台となったといえるだろう。ただ、日本においてなぜ韓国の大衆文化が突然ブームになったかということに関しては、詳細な分析が必要である。4)

いずれにせよ日本における「韓流」ブームは、2003年頃から2010年頃まで継続した。

しかしながらこれと併行して、2005年頃から「嫌韓」の土台づくりが始まっている。山野車輪著『マンガ嫌韓流』が発行されベストセラーとなったのが2005年のことであった。この本における主張は、韓国人の語っている歴史認識がいかに誤謬にまみれているか、在日といわれる人びとがいかに特権を持っているか、などであり、強いインパクトを読者に与えた。そのインパクトと、

---

4) 「韓流」に関する分析としては拙著『韓流インパクト』(講談社、2005)を参照のこと。

韓国の大衆文化が日本人に与えたプラスのインパクトのどちらがより強かったのか、ということを厳密に測定することはできない。

2005年頃から始まった「嫌韓」の土台づくりの上に、「嫌韓」の全盛期ともいえる潮流が形成されたのが2012年から2014年のことだったといってよい。この期間に、日本の書店には「嫌韓」を内容とする書籍が溢れ、週刊誌や月刊誌は毎号のように「嫌韓」のテーマを取り上げた。

2.2 「嫌韓」と「韓流」

「嫌韓」と「韓流」の関係についてもう少し詳しく語ってみよう。

「韓流」ファンたちが2003年以降に、俳優のペ・ヨンジュンを理想化して、「ヨン様は純粋で高貴な心の持ち主。そのヨン様を生んだ韓国の人びともきっと純粋で高貴な心の持ち主にちがいない」という信念を抱いたことは、日本におけるそれまでの韓国イメージを画期的に変える大きな出来事であった。近代以降の日本における韓国イメージが、ここで根本的に好転したといってよい。というのは、これは一部の「韓流」ファンやヨン様ファンだけが抱いたイメージではなかったからである。各種世論調査の結果がそれを如実に表している。

だが前述したように、このような韓国に対する好感度とは正反対の認識もまた、2005年くらいから一部の日本人のあいだで急速に広がり始めた。これには、日本社会に古くからある韓国蔑視·朝鮮蔑視という側面もあれば、若者の疎外感や不安感による「敵さがし」という側面もあった。つまり2000年代半ばから澎湃と沸き起こってきた「嫌韓」感情の源泉は多様なのである。

したがって、もし「嫌韓」感情が日本人の「好韓」感情への何らかのアンチテーゼという側面を持っているとするなら、そのターゲットとなった「好韓」感情も多様であるということになる。

だがここでは、「嫌韓」感情が主にいかなる「好韓」感情に対抗して出てきたのか、ということを考えてみよう。するとここには、初期の(つまり2003年から2006年くらいの)熱烈な「韓流」ファン、ヨン様ファンたちが、主に「冬のソナタ」という作品に描かれた「精神の純粋性」を、そのまま「韓国人の純粋性」であると思い込んでしまった、という問題が横たわっていると考えられる。

このことを私は『韓流インパクト』(2005、講談社)という本で詳しく分析したことがある。私は2002年から

2005年、まさに「韓流」ブームが日本で沸き起こった時期にNHK(日本放送協会)の「ハングル講座」の講師をしていたので、このときの日本人の熱狂的といってもよい「韓流」旋風を直接つぶさに体験している。2003年春からNHK衛星放送で「冬のソナタ」を放映するにあたって、教育チャンネルの語学番組である「ハングル講座」でこのドラマを題材にすることが決まっていた。はじめはディレクターも私も、このドラマを韓国語教育の題材にすることに対して半信半疑であった。私としては、このドラマは「格別に韓国的な何か」を充分に体現している作品であるとは思えなかった。もしドラマを教材にするのであれば、もっと「韓国的な何か」を体現している作品はほかにたくさんあるはずだった。

だが、私やNHKを含めてほとんどの日本人の予想とはまったく異なり、この作品は2003年4月衛星放送での放映開始後徐々に人気を高め、6月から夏にかけての時点では視聴者からの熱い思いが綴られた大量の手紙や葉書がNHKに寄せられることになった。そこに書かれてあったことは、「こんなに純粋で美しい心の世界は、日本のテレビでは一切見られなくなった。どうしてこんなに清らかな人たちが韓国にはいるのか」という、恍惚とした恋のような感情と、曖昧かつ根源的な疑問がないまぜとなった感情であった。

このことは戦後日本における「事件」といってよい。あれほど「汚い、怖い、くさい、暴力的で野卑だ」というイメージを付与されつづけてきた韓国人が、一気にここで、「清らかで純粋だ。美しくて知的ですてきだ」という価値のかたまりになったのである。

だが、このことによる危険性もまた、韓国人イメージの転換の始点においてすでに露出していた。それはまさに、「清らかで純粋」という価値付与に強くかかわっていた。

ここでわれわれが注目すべきなのは、「冬のソナタ」の熱烈なファンの多くが、戦後における「良き日本人」に属する女性たちだったことである。年齢層は、50代以上が主流であった。70代や80代の女性も多かった。このことに関しても私は前掲『韓流インパクト』という本において分析した。NHKや「ハングル講座」に寄せられたたくさんの手紙を読んでみると、それらは不思議なことに判で押したように、質の良い便箋に、美しい達筆で凛とした品格のある日本語を綴ったものだった。そのことは、「冬のソナタ」ファンの知的レベルの高さを如実に表していた。そこに書かれてあることは、①「冬のソナタ」のすばらしさ②日本ではもうこのように品格のあるドラマが見られないこと③自分の若いときにはこのような世界は憧れの対象として存在していた。しかし今の日本にはない。韓国にはなぜこのように美しい世界があるのか、ということだった。そして重要なのは、多くの手紙に「軽い贖罪」の気持ちが吐露されていたことである。それは以下のように要約される認識であった。

「日本の隣りに韓国という国があることは知っていた。そしてかつて日本がこの国の人びとにひどいことをしたことも知っていた。しかし、詳しい具体的なことはよく知らなかった。知りたい、知らなくてはならない、という思いはあったのだが、勇気がなかった。そのことにふだんからなんとなく申し訳ない気持ちを持っていた。しかし今、このドラマをきっかけにして、韓国のことをもっと知らなくてはならない、という気持ちを強く持つようになった。これから残りの人生で、一生懸命勉強したい。旅行にも行き、言葉も習いたい。」

これは特殊な認識なのではない。読んだ私が不思議になるほど、どの手紙にもどの手紙にも、似たような認識が綴られていたのである。「これは戦後史におけるひとつの事件だ」と私が考えたのは、このためだった。これらの手紙に書かれていたのは、「重い贖罪」意識ではない。しかし、「冬のソナタ」を見るまなざしにはあきらかに何らかの贖罪意識が介在していたのであり、戦後という時空間で日本人が漠然と抱いていた韓国に対する罪の意識を、何らかの形で刺激し、昇華させたのだといえる。2004年、「ハングル講座」のテキストの売り上げは一気に2倍以上に増え、韓国語を学ぶことができる講座が日本中のいたるところで開設された。この時代の韓国に対する日本人の姿勢をひとことでいうなら、「真摯」という言葉に尽くされるものだった。

だが、この「真摯」という姿勢には、何らかの危険性も付随しているのだった。それは、「冬のソナタ」ファンの多くが、単なるミーハーというよりは、教養レベルの高い「良き日本人」だった、ということと深く関係している。この時期、私は数多くの講演でたくさんの「冬のソナタ」ファンと話をしたが、ある種の「危険」な兆候は、早くも2004年には現れていた。それは、「正しいこと」を追求するまっすぐで真摯な姿勢に起因していた。

「冬のソナタ」ファンの女性たちは、あまりにもまっすぐで真面目で正しかった。おそらくそれは、ポストモダン日本において抑圧され蔑視された戦後モダンの「清く正しい」生き方を体現する人びとによる、プロテストであり異議申し立てであるにちがいなかった。

おそらくそのような真摯さは、韓国であるならばキリスト教や仏教といった宗教への信仰に吸収されるような心情であった。しかし戦後の「良き日本人」には、教会も寺もなかった。「真摯な心情」を吸収してくれるものは1980年代以降のポストモダン日本には、何もなかった。その疎外感のまっただなかにだしぬけに現れたのが「冬のソナタ」でありヨン様であり韓国であった。彼女たちがヨン様や韓国を見るまなざしは、宗教的であるといってもよいほどだった[5]。

私は一方で「冬のソナタ」ファンの真摯さに最大限の敬意と好意と共感を示しつつ、他方でそのなかの一部の人びとが排他的になりつつあることを憂慮するようになった。2005年のことである。そして朝日新聞社から出ていた論壇誌の『論座』に、そのことを書いた[6]。ペ・ヨ

5) 実際、創価学会が「冬のソナタ」を学会入会勧誘のためのツールとして使ったことはよく知られている。

ンジュンファンの一部(これを「急進派」と呼ぼう)が、「自分たちの韓国認識こそ正しく、自分たちのように韓国を認識しない人びとは間違っている」という旗幟を掲げたことに対する批判である。具体的には、2005年の小泉純一郎首相の靖国神社参拝後、日韓関係に罅がはいったことに対して、ペ・ヨンジュンファンの一部「急進派」は、「小泉が間違っている。小泉が日韓関係をこわした。それに対してペ・ヨンジュンは日韓友好を唱えており立派だ。私たちはペについてゆく。私たちこそ真の日韓友好促進派だ」というようなことを主張した。私としては、これはふたつの意味で間違った主張だと批判せざるをえなかった。ひとつは、日韓関係に罅がはいったことを「すべて小泉が悪い」と単純化して語ることの間違いであり、もうひとつは、「自分たちのような真の日韓友好派だけが正しくて、ペのような純粋な心を持っていない日本人は間違っている」という排他性の問題である。

　日本人はどうして、韓国のことを語ると異常なほど

---

6) 「〈純粋なるもの〉への回帰願望　ペ・ヨンジュンという思想」、『論座』(朝日新聞社、2005年11月号)および「まっとうな批判に耐えてこそ「韓流」は「アジア流」に育つ…ペ・ヨンジュンファンへの手紙」、『論座』(朝日新聞社、2006年1月号)。

真摯になり、妥協を許さなくなり、排他的になってしまうのだろうか。

2003年まで韓国のことをろくに知らなかった「良き日本人」が、「冬のソナタ」に出会ったことによって韓国のこと、日韓の関係を少し知るようになった。そして少し歴史をかじってみた。すると、日本がいかに悪かったかがわかった。それなのに、その悪い日本に対して、ペ·ヨンジュンは心優しく真摯に対している。これこそ人間として尊敬できる態度だ。私たちは(この穢れた日本人である)私たちを「家族」といって包容してくれるペを絶対的に信じている。そのペの崇高な心を踏みにじる小泉は許せない。私たちこそ真の日韓友好派になってみせる。

このようにかたくなな心情は、かつて1960年代、70年代に北朝鮮を称揚した戦後知識人と同じものなのではないだろうか。韓国あるいは北朝鮮を、「一点の穢れもない純粋無垢の存在」として一方的に設定し、その認識を受け入れない日本人を「道徳的に間違っている」と声高に糾弾する。そこには贖罪意識が介在しているので、彼ら彼女らの排他性は道徳的に正当化される。

これが、2000年代半ばにおける「韓流」をめぐる状況であった。そしてその後の「嫌韓」が、この「韓流」ファンの道徳的排他性に対する対抗という性格を持っていたことはあきらかなのである。

だから「嫌韓」派の韓国認識は、「清く正しき韓流ファン」のそれと正確に対称的であるという点も、容易に理解できる。「清く正しき韓流ファン」が「韓国人は清く、正しく、美しく、正直で、道徳的で、被害者であり、被抑圧者であり、善であり、穢れがない」という認識を掲げたことに対して、「嫌韓」派は「韓国人はずるく、間違っており、汚く、嘘つきで、非道徳的で、被害者ぶっており、被抑圧者だと宣伝しており、悪であり、汚れている」という。恐ろしいほどのきれいな対称性が、ここにはある。

ここでわれわれが注目すべきなのは、「嫌韓」派の「真摯さ」と排他性である。「嫌韓」派は、「何も知らない日本人」が、韓国を高く評価することを徹底的に批判し、糾弾する。それは急進的な「韓流」ファンが、「何も知らない日本人」を批判して、「私たちのように韓国をちゃんと知って、歴史に対して反省しなくてはならない」というのと同じ態度である。自分と異なる意見を持っている他者を容赦せず、啓蒙的に他者を正そうとする。それは長らくポストモダン的な相対主義の泥沼でまどろんでいた日本社会においては、実に新鮮な主張だった。

日本人がこれほど他者認識において真摯になれるのは、韓国を相手にするとき以外にはない。「韓国のことなんかどうでもいいじゃないか」というような曖昧な態度を彼らは容認しない。「正しい答え」が必ずあると信じている。

このように考えると、急進的な「韓流」ファンと「嫌韓」派は、実は似たような性格を持っているといえるのだ。また、このふたつのグループは、実際の韓国を知らず、願望的認識をふりまわすという傾向を持っているという点でも似ている。

このようにして2000年代から2010年代の日本社会は、「韓国をどう把えるか」という問題をめぐって、大袈裟にいうなら二分してしまったのである。

3. 「嫌韓」の背景

さて次に、「嫌韓」の高まりを下支えしている日本社会の状況について語ろう。

3.1. 日本人の劣化

まず何よりも、「日本人の視野が狭くなり、包摂力が極度に劣化している」とされる状況がある。

総体的な自信喪失と国家的孤立感が、いわゆる「失われた20年」の基調であることはたしかだ。しかし、「日本人が劣化した」という印象論は、それが具体的に何を意味しているのか、そしてそのことが客観的に証明されうるのか、という点において、曖昧な認識である。だがまさにそのことが、この「日本人が劣化した」という命題においてもっとも大きな意味を持っているのだといってよいかもしれない。つまり、誰も客観的な意味や指標やデータなどを検証せずに、漠然と「日本人は劣化した」というイメージを共有しつづけていることこそ、この20年間の日本社会の特徴なのだといえる。

日本人は、客観的な論証なく無条件に「劣化」しているのである。この漠然とした「認識」の力は巨大である。

たとえばある人びとは、この「認識」に依拠して無根拠に「若者いじめ」をするであろう。「日本の若者はだめだ。かつての日本人に比べてあきらかに劣化している」。このような認識のもとに、ある人びとは次のような考えを持つにいたるだろう。「このように劣化した若者に日本の将来をまかせるわけにはいかない。もういちど家族や地域社会、そして国家への愛着を植え付けなくてはならない。そして道徳観念を復活させなくてはならない」。

またたとえばある人びとは、同じこの「認識」に依拠して萎縮した心理を増幅させるだろう。「日本人は劣化している。だからグローバリズムにもついていけない。しかし中国人や韓国人は勢いがいいので、グローバリズムの先頭に立っている。このような人たち(奴ら)とは、いっしょにはやっていけない。なぜなら日本人はもうそういう競争の世界観には疲れてしまっているからだ。中国や韓国とはできるだけつきあわないのがいい」。

この時期、多くの日本人が「東アジアを謝絶したい」という心情を持った理由の一端は、「日本人の劣化」という認識にあると思われる。これをわれわれは、「逆・福澤諭吉志向」といってよいのではないだろうか。つまり、福澤諭吉は「アジアより日本が先に行っている」という認識のもとに、「グローバル化(西洋化)できない朝鮮を謝絶する」という「脱亜入欧」を唱えた。だが現在の「逆・福澤志向」はこれとは反対に、「グローバル化において日本が韓国より遅れている」という認識にもとづいているのである。むしろ「グローバル化はしたくない」という認識と心情が、日本を覆っている。

3.2. 日本人の敗北感

この十数年ほどの日本人の敗北感の大きさを、韓国人は正確にイメージできるだろうか。日本を「とるに足らない小国」と認識してきたタイプの韓国人だと、21世紀における日本人の敗北感の大きさに思いをいたすことはなかなかむずかしいかもしれない。経済的な側面で、米国に次いで世界第二位の国家であるという自己認識を、日本人は声高に誇ってきたわけでは決してない。むしろそのような事実に、さしたる意味を見出していたとはいいがたい。しかし、2010年にGDPの規模で中国に追い抜かれ、電子機器産業において日本企業が韓国企業に追い抜かれるという事実を目の当たりにして、日本人は突然、過去の栄光にしがみつこうとしはじめた。

日本人の対韓国認識が、対中国認識と違う点は、以下の通りである。中国経済が大きくなったことは、たしかに日本の敗北ともいえるが、中国市場は日本の輸出産業にとって重要であり、また中国に工場を建設した多くの企業にとって、中国の労働力はなくてはならない存在である。しかし、韓国との経済的関係において、日韓の企業は多くの場合、単純に競合関係にあるか、あるいは「日本が下、韓国が上」の垂直的な分業体制にある(これを単に、「日本の部品企業は韓国の財閥系大企業の下請けである」と表現しても問題ないだろう)。つまり、日本側には、韓国企業との関係において、「韓国にすべてを持って行かれた」という心象が発生する基盤がある。そして実際に、そうなったのである[7]。ネットの書き込みにおいて、サムスンや現代自動車に対する厳しい意見(悪口といってもよいもの)は多く見られるが、中国の電気機器企業や自動車会社に対して同じように厳しい意見を見つけることはできない。

先述したように、「反·北朝鮮」と「嫌韓」が決定的に異なる理由もまた、この点にある。北朝鮮に対する嫌悪感

---

7) これは心象であって、事実ではない。日本企業と韓国企業は一方で競合関係にあると同時に、他方で協力関係にもある。つまり全面的な競合関係にあるのではない。ただ、両者のうち協力関係の側面は日本のメディアでの報道ではあまり取り上げられないし、また実際に協力を行っている日本企業がそのことを公にしたがらないという場合もある。このことも含めて、実態以上に競合関係の側面のみが強調される傾向がある。

は、その独裁体制や絶対的貧困などが日本社会とは隔絶していて理解不可能であることからくる底なしの否定的感情であって、日本との類似性や競合性という側面はほとんど皆無である。ましてや北朝鮮のほうが日本より優れているという劣等意識はまったくない。しかし「嫌韓」感情はこれとは異なり、先に述べたような「劣化した日本」意識の延長線上に、「日本がかなわない韓国」という劣等意識が存在すると考えられる。「嫌韓」はその劣等意識の裏返しであるという側面を持っているのである。反·北朝鮮意識が単なる直線的な嫌悪感にもとづいているとすると、「嫌韓」はそれとは異なり、複雑な(complex)感情であるといえる。

3.3. 謝罪疲れ

俗に「日本人の謝罪疲れ」といわれる現象が、「嫌韓」感情にはあきらかに介在している。1990年代から継続して植民地支配と慰安婦問題に関して日本政府が公式的に謝罪と反省を繰り返しているにもかかわらず、韓国側はそれを認めず、あるいは認めたとしても大きく評価はしない。

韓国人としては、「日本の謝罪はまったく充分ではない」と考えている人がほとんどであろうし、「そもそも日本は真摯な謝罪をいちどもしていない」という考えすら多いであろう。しかしこれは日本人の認識とまったくかけ離れている。この認識のギャップが、日本の「嫌韓」感情のもっとも根幹の部分を形成しているといってもよいであろう。

この問題に関する近年の日本人のもっとも一般的な心情は、「今まで我慢しつづけた。もう解放されたい」というものである。この心情が激しいストレスを伴って増幅されると、「今や反撃に出るときだ」という心情に変化する。もちろんそのような理不尽な「反撃欲求」を前面に出す日本人は少数派である。しかし、潜在的にそのような欲求を持っている日本人が、その部分を重点的に刺激する「嫌韓」言説に呼応するという現象が起こっている。

いずれにせよ、韓国に対する強い批判の言説の根っこには、このような「我慢の限界」という心情が渦巻いていることは間違いない。

しかしこれは、日本だけの問題ではない。韓国には韓国で、「今まで我慢しつづけた。今や反撃に出るときである」という心情が強くある。これは韓国人と話しているとしばしば吐露される、以下のような認識である。「理不尽な植民地統治に関して日本の反省はまったく充分ではない。しかし、これまで韓国人は我慢してきた。だが今や、韓国は日本と対等である。国力と国際的な影響力に差があった過去とは違って、今われわれはいいたいことをいうことができるし、いうべきである。もはや日本に遠慮はしないし、遠慮をしなくてはならない理由はない」・・・このような心情が韓国にはある。

つまり日韓双方に、「これまで我慢しつづけてきた」という心情があり、その対決の様相を呈しているのが、現在の状況なのである。

3.4. 昔からの韓国・朝鮮蔑視

オールドな韓国人蔑視・朝鮮人蔑視の側面もある。かつて日本人のなかに根強くあった韓国(人)蔑視、朝鮮(人)蔑視の心性が、決して消え去っていないことを「嫌韓」は雄弁に語っている。

「オールドな韓国人蔑視・朝鮮人蔑視」は、明治時代以降にわかに出現した、「日本は文明開化の国、朝鮮は未開で劣った国」という二分法的認識にもとづいている。ただ、1945年の敗戦直後には、それとは異なるタイプの韓国人嫌悪·朝鮮人嫌悪も出現した。1945年8月15日以降に突然、日本に居住する朝鮮人が、自己を戦勝国側に属しているとみなし、敗戦国民である日本人を蔑視したり闇市などで乱暴な態度を取ったりした。このことに起因する日本人の韓国人嫌悪·朝鮮人嫌悪である。この感情は、70歳代以上の特に関西在住の日本人からは、比較的よく吐露されるものである。

上記二つの嫌悪感が合流した「オールドな韓国人蔑視·朝鮮人蔑視」は、戦後の時間が流れるにつれ、かなり薄らいできた、あるいはほとんどなくなってきた、といわれていた。事実、40代以下の在日コリアンからは、「自分は日本人に差別された」という言葉はほとんど聞かれなくなっている。

だが、「嫌韓」の勢いが強くなるにつれ、インターネットの書き込みなどには、「オールドな韓国人蔑視·朝鮮人蔑視」が実は健在であり、またその感情が若い世代にも伝播しているということがわかる。

李明博前大統領や朴槿恵大統領の言動に対する批判や、個々の出来事に関する客観的批判ではなく、「韓国人·朝鮮人という属性の人びとはそもそも劣等な人種である」という民族蔑視の考えが、この十年のあいだにタブーの封印を破って再び復活しようとしている。

日本人による根源的な韓国(人)・朝鮮(人)蔑視は、克服されなくてはならない問題であることは自明である。しかしそれは可能なのか。韓国人による日本人蔑視や、世界中の隣国同士の否定的感情との比較もしながら、考えてゆかねばならない問題である。

3.5. 東アジアへの嫌悪

「東アジア的なもの・文化」への生理的嫌悪も日本人のなかに増大しているようだ。「日本は「進んだ西洋」の陣営に属している」という自己認識のもとに、中国・韓国・北朝鮮をひとくくりに「遅れた東アジア」の陣営として見ようとする心性である。この背景には、「中国、北朝鮮と韓国の意図的な混同」という「嫌韓」派の戦略もある。これは、中国・韓国・北朝鮮を文化的に明確に区別できない一般大衆の心性を利用したものである。

ひとくくりにされた「東アジア」の文化や慣習や社会は、「法治の欠如、政治的腐敗、弱肉強食、公共心の欠如、自己主張および自己正当化の強さ、社会的インフラの未整備」などによってイメージされている。それに対して日本は、「法治の徹底、政治的清廉さ、弱者への配慮、公共心の高さ、自己抑制と他者理解の徹底、社会的インフラの整備」などによってイメージされている。このような「日本／日本以外の東アジア」という二分法によってもたらされる極端な心情のひとつは、「これ以上東アジアにかかわりたくない」「東アジアにかかわるといいことがない」という「脱亜」志向である。これが政治的には、「自由と繁栄の弧」の軸を重視する安倍晋三政権の方向性とぴったり合致した。

ただ、この心情をもう少し詳しく見てみると、次のような二つの認識に分けられる。

ひとつは、あくまでも「日本が西洋近代に近いからより先進国である」という優位性を信じて疑わないタイプである。これは古いタイプの固定観念にとらわれている近代主義者の認識である。

もうひとつは、「日本はたしかに西洋に近いのだが、その西洋というのは現代のむきだしの資本主義を体現しているわけではなく、むしろ弱肉強食の新自由主義に近いのは日本よりも韓国である。その意味で、日本は下品な資本主義から一線を画すほうがよいのであって、いまだにがつがつと競争ばかりしている韓国とは距離を置くべきである」と考えるのである。

3.6. 政治の右翼化

日本政治の右翼化ももちろん「嫌韓」の大きな背景となっている。

これに関してはよく冗談で、「安倍政権の最大の支持者は中国と韓国」といわれる。このような敵対的共存関係が日韓のあいだで強固に形成されるようになったことが、「嫌韓」感情の固定化につながっていると見ても問題はないだろう。

「卵が先か、鶏が先か」という言葉の通り、「日本人の対中・対韓感情の悪化が先か、日本政治の右傾化が先か」という問題がある。

もし日本政治の右傾化が先だとすれば、「嫌韓」派は権力に対して追随的な人びとだということができる。政権が打ち出した歴史観を追随して摂取していることになるからである。

しかし対中・対韓感情の悪化が先だとすると、「嫌韓」派は社会における明確なイシュー形成能力を持った人たちだということができる。

答えとしては、おそらく、卵も鶏も先ではない。

3.7. メディアの戦略

そもそも「嫌韓」派の戦術として、メディアを巧みに使って自分たちの主張を浸透させるというやり方が顕著であった。漫画、インターネット(動画送信サイト、掲示板、ブログ、SNS)、雑誌、夕刊紙などが「嫌韓」派の主たる活躍の場である。

これは戦後の主流派(リベラル)が新聞、地上波テレビ、総合雑誌を掌握してきたことに真っ向から対抗したものである。

一部の週刊誌·月刊誌·夕刊紙が「嫌韓」をテーマに掲げ続けるという現象が起きたことも、2010年代の特徴である。夕刊タブロイド紙の場合、駅のスタンド売りで通行人の目に見える紙面の部分に「朴槿恵」という三文字を特大の級数で印刷しておけば、つねにかなりの部数が売れるのだ、といわれたものである。

これは2012年12月に第二次安倍晋三政権が発足する以前からの現象であるが、発足以後に、安倍政権の政治的姿勢をバックアップするかのように「嫌韓」記事が増えたのも事実といってよい。

ただこれも、「政権が先か、嫌韓論調が先か」ということは一義的に語ることはできない。

しかし、「嫌韓」記事の氾濫という現象は2014年秋以降、弱まっているように見える。毎回同じようなテーマを繰り返し続けたことによって読者が飽きてきたことと、2014年12月の衆議院選挙や2015年1月のイスラム過激派やイスラム国によるテロ、人質事件などを契機としてイシューが方向転換したことが要因として考えられる。

3.8. 反日日本人

「嫌韓」派だけではなく、日本の右翼やネット右翼が頻繁に使用する言葉に「反日日本人」というものがある。これは、「日本人でありながら、日本批判をする左翼・リベラル」を指す。「反日日本人」には二つの側面がある。①同時代において韓国・中国に有利な言説を展開する日本人、という意味と、②戦後日本において左翼的な視座のもとに日本批判のヘゲモニーを守ってきた日本人、という意味とである。

慰安婦報道などをめぐって2014年8月以降に吹き荒れた朝日新聞バッシングは、この①と②の両方を包括する存在としての代表的「反日日本メディア」たる朝日新聞をナショナリスティックな欲望のもとに叩く、という構図であった。

1980年代の歴史教科書問題や、1990年代の慰安婦問題が大きなイシューとなった背景には、日本の左翼やリベラルがこの問題を大きくクローズアップし、日本批判の材料としたという事実がある。このことが広く周知されるや、日本と韓国のあいだの諸問題は、実は韓国側だけが悪いのではなく、日本の左翼・リベラルが日本批判の材料を韓国側に提供したり、共闘したりしたことによって大きくなったのだという認識が、保守的な立場の日本人に共有された。このような「反日日本人」に対する愛国主義的嫌悪が、特にネット空間において広まっている。

朝日新聞バッシングにおいては、この新聞の「反日」性が批判された。メディアにとって批判精神が生命線であることは、「嫌韓」側も民主主義社会の一員であるからには充分に理解している。ただ、「嫌韓」側の認識としては、「戦後ヘゲモニー＝リベラル＝日韓友好＝体制」という枠組みが強固に存在し、その枠組みによって抑圧されてきたのが自分たちであるという構図になっている。したがって、むしろ朝日新聞を批判する自分たちの側こそ批判精神に溢れた反体制だ、ということになるわけだ。この部分が、韓国人の認識において「嫌韓＝保守＝体制」という構図になっているのと正反対なのである。

3.9. 李明博前大統領のふるまい

2012年8月に李明博大統領が竹島を訪問したこと、さらに「天皇訪韓謝罪」発言をしたことは、日本人の対韓感情を決定的に悪化させた。私の周囲の日本人のなかには、「ふだん自分は天皇主義者でも何でもないし、むしろ天皇制には批判的な立場だ。しかし韓国大統領のあの傲慢な物言いを聞いて、天皇がかわいそうになった。あの尊大な発言を聞いて急にナショナリストになった、という人間が自分のまわりにも多い」と語る人が何人もいた。日本において李明博大統領への嫌悪感と軽蔑は、2012年から2013年にかけて極点に達した。「たかが土建屋の分際で天皇にあのような無礼な発言をするのは絶対に許せない」と酒を飲みながら私に向かって激しい口調で語ったのは、これまで数十年にわたって日韓友好の活動を草の根で地道に行なってきたある男性である。ちなみに彼もまた、「私は天皇はもともと好きやない。しかし他国の大統領にあのようにいわれたらそらアタマきますわ」という立場だ。

日本人の対韓感情が悪化したもっとも直接的な要因は、李明博大統領の竹島(独島)上陸と「天皇訪韓謝罪」発言だと断言してよいと思われる。特に日本人がふだんは強く意識しない「天皇」という存在に対して、李明博発言は強烈な光を当てて刺激をしてしまった。

3.10. 朴槿恵大統領のふるまい

さらに朴槿恵大統領のふるまいもまた、日本人の対韓感情を悪化させた。

朴槿恵大統領の言動は全般的に日本人に悪印象を与えており、2015年1月までの時点ではむしろ好い印象はほとんどない。これは、歴代の大統領が「悪い印象」を与えるとともに「好い印象」あるいは「好くも悪くもない印象」も一定程度与えてきたことに比べると大きな違いだといえる。

特に朴槿恵大統領の「告げ口外交」「中国接近」「千年不変発言[8)]」は、日本人に「この大統領と何かを話しても無駄」という印象を強く与えた。そのなかでも「千年不変発

8) 2013年3月1日の「三・一節」演説において、「加害者と被害者という歴史的立場は千年の歴史が流れても変わることがない」と発言したこと。

言」の不可逆的な規定性は、これまで日韓関係の構築に尽力してきた日本人に大きな虚脱感を与えた。「どんな努力をしても加害者と被害者の関係が千年間変わらないのであれば、何もする必要はないではないか」という短絡的な無力感が、日本人の多くを覆った。

4. ふつうの(一般市民の)「嫌韓」派の韓国認識

次に、ふつうの「嫌韓」派が持っている韓国、韓国人に対する認識はどんなものであるかを整理してみよう。

4.1. 韓国人の従属性、事大主義、「告げ口外交」

まずもっとも頻繁に言及されるのは、韓国人の従属性、事大主義についてである。これは単なるイメージではなく、「歴史的な裏づけがある事実だ」と認識されているので、厄介な問題である。「ふつうの嫌韓」派は「プロ嫌韓」派とは違って、韓国の歴史や日韓関係の歴史に関して詳細かつ正確な知識を持っているとはいえない。

だが、多少の歴史的知識は持っているのであって、完全に無知なわけではない[9]。その多少の歴史的知識とは、たいてい、韓国に対して批判的な傾向を持っていることが多いため、あたかもその傾向の枠組みにぴったりはまるかのような現実に接すると、実に容易に納得してしまう。日本で大量に発行されている「嫌韓」本がそれらの短絡的な認識に根拠を与えている。

朴槿恵大統領のいわゆる「告げ口外交」は、まさに「韓国人の従属性·事大主義」という認識の枠組みにぴったりはまった現実的出来事であった。

なお、この「告げ口外交」に関して、韓国の識者が、「朴槿恵大統領は告げ口をしているのではなく、公に(韓国語でいえば公開的に)堂々と日本の悪口をいっているのだから告げ口外交という表現は正しくない」と発言しているのを私は聞いたことがある。たしかに「告げ口」という言葉は「裏でこそこそと第三者の悪い点を訴える」

9) 筆者の経験では、講演会などでよく韓国の歴史について質問されることがあるが、質問者に対して「どこでそのような知見(質問の背景にある歴史的知識)を得たのですか」と尋ねると、「呉善花氏の本で読んだのですが」という答えを実に頻繁に聞く。「ふつうの嫌韓派」ないし「韓国懐疑派」は、歴史的な知識を、呉善花氏など特定のバイアスがかかった論者の著作から得ている場合が多いと思われる。

という意味があるので、この言葉が朴槿恵大統領の振る舞いを正確に表現しているとはいえない。しかし、公開的であるにせよ非公開的であるにせよ、力のある人(米国や欧州や中国の首脳や高官)に向かって第三者(日本)の悪口を語り、その力のある人に第三者を正してもらおうという心理がもし朴槿恵大統領にあり、そしてその心理にのっとった行動に対して韓国人が何も違和感を抱かないのだとしたら、それこそが問題ではないだろうか。これは端的に従属的精神の表れだということができるからだ。

4.2. 汚い、不潔、卑怯で信用できない、遵法精神の欠如

ネット空間で頻繁に語られる切り口が、「韓国人は汚い」という認識である。「汚い」という形容詞は物理的な意味でも精神的な意味でも使われる。「韓国の町や店は清潔でない」という現象面での認識と、「韓国人の心根は決して潔くない、むしろ卑怯で信用できない」という心理面での認識が合体しているような印象を受ける。これに加えて、「遵法精神が欠如しており、すべてがいいかげんである」というイメージも増幅している。1980年

代に強調された「ケンチャナヨ精神」という言葉は近年あまり聞かれなくなったが、「いいかげんで雑」というイメージは「ケンチャナヨ」イメージを継承しているものといえるであろう。

なぜ「汚い」という価値付与が頻繁になされるのか。前述した「オールドな韓国蔑視」のまなざしと、新しい「嫌韓」が何らかのかたちで接続しているとも推測できる。韓国への観光旅行者が増えたことにより、実際の韓国の町や店を体験する日本人が増え、その結果「韓国は韓国ドラマに描かれた世界とは異なり、決して美しくも清潔でもない」という印象をかえって強く持ってしまったという契機もあるかもしれない。

4.3. 法治主義の欠如

先に述べたように、「法治主義が欠如した韓国」という印象は、「法治主義が徹底している日本」という自己認識の対極として韓国を位置づけたいという一種の欲望がその背景にあると思われる。ただ、セウォル号沈没事故をはじめとして[10]、韓国社会が「法治の欠如」を示す事例

10) セウォル号事件と法治の関係とは、以下のような観点である。この事件に関して、法の規定通りの整備や積み荷検査な

を数多く提供していることも事実である。

しかし、法が恣意的に適用されるという意味での「人治」は中国や北朝鮮にはあてはまるかもしれないが、現在の韓国にはあまりあてはまらない。「国民感情」という絶対的な基準が法を超越して審判を下す、ということは韓国ではふつうである。だがこれは日本でも起きていることである。

問題は、「韓国における法治の欠如」という認識を日本人が打ち出すとき、それが「人治」という側面でイメージされるかぎり、韓国と中国、北朝鮮がかなりの程度混同されているという点にある。大雑把に「東アジア的」とくくられる前近代性が、韓国・中国・北朝鮮に色濃く残っているとされる(そのこと自体は間違った認識ではない)。この認識においては韓国・中国・北朝鮮の差異にはさしたる関心はない。むしろ韓国・中国・北朝鮮を「ひとか

どをしていなかったこと、そしてそれが放置されていたことは、あきらかに法治主義の不徹底さを表している。しかし、それとともに、日本のメディアが違和感を抱いたのは、船長のイ・ジュンソク氏が逮捕されたあと、殺人罪を適用されたことをめぐってであった。「日本であれば業務上過失致死が穏当なところであるのに、韓国では船長を道徳的に糾弾する心理が法の支配を超えてしまって殺人罪を適用するのか」という違和感を多くのメディアの人間が吐露した。

たまりの前近代的国家」とみなしたい欲望がここには介在している。そして日本はその「東アジア性」から隔絶していると認識される。

ただし、このようなタイプの認識とは異なり、韓国における法治の欠如を真摯に把える日本人もいる。大統領がその任期終了後に逮捕されたり訴追されたりすることに関して、日本でもっとも関心を引くのはやはり訴求法の問題であろう。これをどのように解釈すべきなのかは、韓国との「体制の共有」を謳う日本としてもきわめて重要な問題であらざるをえないのである。

4.4. ガバナンスの欠如

近年もっとも大きなできごとはセウォル号沈没事故であったが、それ以外にも、韓国で事故や不祥事が起きると、日本の夕刊紙やインターネットでは「韓国社会の杜撰さ」をあげつらい、揶揄調で批判するということが実に多い。

このような蔑視的まなざしの背景には、「日本はガバナンスのきちんとした先進国であるのに対し、韓国はガバナンスの欠如した杜撰な国家である」という検証されていない固定観念への依存があると考えられる。

インターネットなどでは、この種の批判をする際に、1997年の「IMF危機」に言及することが間々ある。セウォル号事故やそのほかの不祥事などと「IMF危機」には、直接の関係はない。しかし「嫌韓」派にとって、韓国で頻繁に起こる事故・不祥事・事件・破綻などは、「韓国人のガバナンスの欠如」という一点に収斂させて理解できる出来事なのである。

4.5. 韓国・朝鮮の「文化」全般への嫌悪、違和感

インターネット上のコメントには、マイナスの価値を含む出来事などに対し、「韓国の文化はこんなもの」とか「韓国人の民度はひどいもの」などという主旨のものが実に多い。

「嫌韓」派は韓国文化の負の側面を語るときに「キムチ」という言葉を使用して記号化する傾向がある。「これもキムチ文化か」。

韓国の文化の奥行きや幅を知らないまま、表面的な「韓国＝劣った存在」という等式を無反省に増幅させている。対象の複雑性を「文化」というひとことですべて説明しようという極端な還元主義がここにはある。対象自体に到達しようという意思はここにはなく、むしろ対象

に対する思考停止が顕著に見て取れる。その思考停止を免責してくれるのが、「文化」という便利で暴力的な言葉ないし概念である。

4.6. 歴史を知らない。歴史を勝手に捏造する

韓国人は「日本人は歴史を知らない」というが、「嫌韓」派は逆に「韓国人は歴史を知らない」という。この部分はおそらく、「嫌韓」派のもっとも重要な主張点でもあり、また日本において「嫌韓」派が独自の勢力を構築しえた源泉であると思われる。

植民地支配下での出来事や在日韓国人·朝鮮人に関する歴史だけでなく、「朝鮮王朝をどう把えるか」という論点においても、「嫌韓」派は首尾一貫した歴史を描く。その主張の土台の根本は植民地近代化論であり、植民地時期に主張された朝鮮停滞論の焼き直しである。「朝鮮王朝はガバナンスの破綻した失敗国家であり、その荒廃した朝鮮にインフラを整備して経済成長させたのが日本である」という歴史観である。

また在日韓国人·朝鮮人に関しては、リアリズムの立場から語る。つまり、「強制連行によって日本に居住せざるをえなかったコリアンが、差別されつづけてい

かに悲惨な生を営まねばならなかったか」という左派の道徳志向的な描き方に真っ向から対抗し、「強制連行という事実はなかった。差別はあったかもしれないがそれを上回る特権を在日韓国·朝鮮人は得ている。決して悲惨な生を営んできただけの人たちではない。逆に特権を得ながらそれに満足せず日本社会を糾弾することによってさらなる特権を得ようとしている」という見解を強力に打ち出している。

「嫌韓」派によるこれらの主張はそのすべてが荒唐無稽なものなのではない。もし、「これらの主張はとんでもない虚構のもとにでっちあげられた荒唐無稽なものだ」という認識から出ることができないならば、逆にますます「嫌韓」派を増大させることになるだろう。

4.7. 被害者性を強調しつつ自己の利益を最大化する

2000年代にはいって『朝鮮日報』『中央日報』『東亜日報』などの日本語版が充実するとともに、その記事やコラムの内容を一般の日本人も読むことができるようになった。当初は日本語の質もよくなかったが、その後飛躍的によくなり、閲覧者も大きく増えたと思われる。

そのことによって韓国に対する違和感が増幅したことは、おそらく事実である。私は数多くの日本人から、韓国の新聞記事やコラムの内容に対する違和感を聞いた。

違和感の種類は多様であるが、そのなかでも特に多いのは、「なぜ韓国人はなんでもかんでも日本を追い越そうとしているのか。日本に対してなぜあれほど過剰な競争意識を持っているのか」というものである。これに関しては次項で述べる。

そしてもうひとつは、「韓国人は自国の被害者性をつねに強調し、そのことによって自国の利益を最大化させようとしているようだ。このようなやり方には違和感を抱かざるをえない」というものである。

もしかするとこのことは、韓国人の意識にはあまり上らないのかもしれない。「自国の被害者性を強調し、それを自己の有利な立場の構築に利用している」というのは、韓国人あるいは韓国メディアが意識的にしている行為というよりは、むしろ無意識的な行為に属するものであるかもしれない。日本人のほうがより鋭敏にそのことを感じやすいといえるだろう。

朴槿恵大統領は就任以来、米国・欧州・中国において日本の加害者性を強調し、歴史に関して日本が反省しないことを批判することにより、韓国の被害者性に焦点を当てさせて自己の有利な立場を築こうとしている。これは歴代の韓国政権としてももっともあからさまな「韓国の被害者性の訴求」であり、このことが日本人の意識をかなり強く刺激しているといってよい。

4.8. 日本人をつねに敵視し、あるいは比較・競争の対象にする

一般の日本人は、2000年頃まで、韓国という国家をほとんど認識せずに日常を送ってきたといってよい。筆者の経験では、1990年代半ばの日本の大学生には、朝鮮半島が東アジアのどこに位置しているのかわからない者がたくさんいた。また、中国と韓国の違いについても混同している者がたくさんいた。

2002年のワールドカップ・サッカー日韓共催の前から、特に日本のテレビで韓国文化を特集する番組が大量に放映された。主に食文化や生活文化、観光名所などを紹介する番組であり、特に「深み」のある内容ではなかったのだが、民放地上波のゴールデンタイムに、有名なタレントが韓国旅行をするという形式の娯楽番組が大量に

放映されたことは、一般の日本人に「韓国」を認識させるのに圧倒的な力を及ぼしたと考えられる。

この時点まではよかった。つまり、ワールドカップ共催後、2003年に日本で「韓流」ブームが始まり、それに対する好意的な雰囲気が続いているあいだはよかったのだが、その後、「韓国をもっと知りたい」と考える日本人が韓国大手新聞のインターネット日本語版に接したことが、韓国認識を悪化させた一因といえるだろう。

韓国人はあまり意識しないことなのかもしれないが、韓国の新聞報道においては、実にさまざまな事象に関して「日本との対比」という構図で接近することが多い。たとえば中学生や高校生の体力検査結果の記事では「日本の中学生や高校生はこういう数値だ。わが国のほうがここが勝【まさ】っており、ここが劣っている」などという比較がされる。こういう具合に、自国の立ち位置を確認するのに、ことごとく「日本との比較」という観点を持ち出してくる。

このことは、ふつうの日本人にとって大きな驚きであった。「なぜ韓国の新聞ではことごとく日本が比較の対象、競争の対象となっているのか」という質問を私は2003年から2010年くらいのあいだに、実にたくさん受けた。他国の人びとから日本がこのようにつねに比較の対象になって注目されているという事実にはじめて接し、日本人は純粋に驚いたのである。ただ、その比較はつねに、「わが国は日本より上に行くべきだ。日本に負けてはならない。そのためにはどうすればよいか」という観点からなされているので、ふつうの日本人にとっては実に不快である。インターネットではこのことを、「あつくるしい」「うざい」「おれたちは韓国のことなんか何も考えていないのに、いつも競争の対象にされて迷惑だ」というような表現で扱っている。

4.9. 「ドイツは善、日本は悪」という論の虚構性

ふつうの日本人が歴史認識においてもっとも嫌悪感を抱くもののひとつが、韓国人のよくいう「ドイツは過去の清算をきちんとして道徳的であるのに対し、日本は何もやっていない。日本はドイツを見習うべきだ」という論である。

一般的にいって、この論に対しては次の二つの側面からの反発が日本では顕著である。

a. カテゴリーの誤謬

ひとつは、「ドイツはユダヤ人を民族ごと抹殺しようとしたのに対し、日本は朝鮮人に対してそのようなことはしなかった。まったくカテゴリーの異なるふたつの事例を並列して比べるのは正しくない」というものである。

b. 理想化できないドイツ

もうひとつは、「ドイツはたしかに歴史清算に対してきちんとやっているように見える。しかしそれは韓国人が理想化するような類いのものではなく、多分に被害者側との妥協の産物である。他方で、日本は何もしていないという韓国側の主張は端的に事実誤認だ。ドイツを理想化し、日本をそれに対して非道徳的と貶めるのは間違っている」というものだ。

この「ドイツは善／日本は悪」という二分法が日本人に与える心理的嫌悪感は、かなり大きいものである。

上記の二つの反発のうち、a.に関しては、ほぼ異論の余地なく日本人のあいだで共有されている認識であるということができる。この認識の土台の上に、以下の二つの派生的な認識が強く打ち出される。

a-1.「ドイツのユダヤ人抹殺と、日本の朝鮮植民地支配を同列に論じるのは、論理的にいって間違いである。むしろ、ヨーロッパの国々がこれまでアジア·アフリカの国々に対して一切してこなかった植民地支配の謝罪を、日本は率先して韓国に対してしてきたのである。日本とドイツ、ヨーロッパを論理的に正しく同列に並べて評価するならば、民族抹殺ではなく植民地支配についてすべきであろう」。この認識は、論理的に間違っていない。むしろ韓国人が「日本はドイツを見習え」と主張すればするほど、日本人の反発は強くなるだろう。それは感情的な反発というよりは、論理的な誤謬を犯してまで日本を悪の陣営に落とし込もうとする韓国人の心性に対する論理的な反発である。

a-2.「なぜ韓国人は民族抹殺と植民地支配を同列に論じたがるのか。これは自民族の受けた被害を過大に評価したい心情だけによるものなのか。おそらくそうではない。植民地時代には日本に協力した親日派の朝鮮人もいた。とすると、「ユダヤ人抹殺＝植民地支配」という歴史観においては、親日派たちはナチスドイツに協力したユダヤ人やフランス人などと同列の「卑劣な」存在であることになる。おそらく大韓民国の建国以来の歴史において、政権の正統性を強調し、親日派の問題を剔抉する際の心情として、日帝のしわざを最大級の悪として規定すべき理由があるのであろう」。この認識は、「日本の植民地支配を評価する軸が、韓国の正統性という国内事情によって強く影響されている」という考え方だ。もちろんこの考えには説得性がある。しかし、この方向性のみを強調すると、「韓国人が主張している歴史認識はすべて韓国人内部の問題」という間違った見解を支持してしまうことになる。

次に上記のb.の反発に関しても、二つの異なる派生的な認識が生じる。

b-1. 右派の一部は以下のような認識を持っている。「ドイツが歴史清算を誠実にやっているというのは、虚偽である。たしかにナチスの所業に関しては、戦後、それと完全に縁を切ったことを宣言した。しかしそれは戦後の国際秩序のなかで半ば強制的に選び取らされた道であるし、またドイツはユダヤ人の勢力と妥協しなくてはならないという経済的な理由もあった。すなわちこれは欧米における特殊な事情のもとに行われたことであり、日本がそれと同じように振る舞う必要はないばかりか、むしろ政治外交経済的な事情のまったく異なる東アジアにおいて日本がドイツと同じように歴史清算をすることは、間違いである」。この認識の枠内でもっとも強硬な立場は、「東アジアにおける第二次世界大戦というのは、自衛の戦争であって、日本による侵略戦争ではなかった。東京裁判は間違った裁判である」という立場である。安倍晋三政権のイデオロギー的本質はこの立場にある。

b-2. 保守派およびリベラル派の一部が持っているのは、以下のような認識である。「たしかにドイツは欧州の特殊な事情のなかで歴史清算をせざるをえなかったのであり、したがってドイツをあまりに理想化するのは誤りである。〈ドイツは善、日本は悪〉という二分論的な認識を韓国が世界中でいってまわるのは困ったものだ。しかし、それにしてもドイツは、大変効果的に歴史清算に取り組んできたことも事実である。ブラント西ドイツ首相がポーランド·ワルシャワのユダヤ人ゲットー跡でひざまずいたことなどは実に印象的にドイツの真摯な姿勢を世界に知らしめた。日本はなぜそのようなことができないのか。事実上、歴史の清算に関して日本が韓国に行ってきたことは、ドイツに比べて遜色のないものである」。この考えをリベラル勢力が披瀝する場合には、次のような結論となる。「日本政府はドイツに比べてあまりにも伝達能力が低いので、韓国国民の心に日本人の気持ちがまったく届いていない。この点を日本政府は真摯に反省しなくてはならない。そして、日本の反省と誠意が明確に伝わるような何らかの行為を、今からでも日本政府はしなくてはならない」。だが逆に、保守派が上記のような認識をとる場合には、次のような結論となる。「日本はこれ以上のことをやる必要はない。韓国に対してはもう充分に反省と謝罪を述べた。これはドイツに比べても何の遜色もない。それなのに、ひざまずく、などという単なるパフォーマンスにすぎないものを評価しているのはおかしい。これ以上そのような幼稚な議論につきあう必要はない」。

4.10. 「韓流」あるいは日本の「韓流ファン」への嫌悪

これは日本国内の問題であるが、「嫌韓」派は「韓流」ファンに対してかなり蔑視的なまなざしを持っていると推測される。この蔑視的まなざしは、以下のように分類されうる。

a. 「韓流」スターを熱狂的に追いかける中高年の日本人女性に対する軽蔑的態度。

2003年に「冬のソナタ」が大ブームになった後、ペ・ヨンジュンやイ・ビョンホンなど韓国人男優の日本人女性ファンに対して、日本社会のまなざしは冷たくはなかった。むしろ、中高年の女性が特定の俳優(映画・テレビだけでなく歌舞伎など伝統芸能も含める)や歌手のファンになって「追っかけ」をする、というのは、すでに日本の「伝統」となっていた。したがって、その対象が韓国人であったという驚きは大きかったが、中高年女性が男優や男性歌手のファンになるということ自体は、日本では不思議なことではなかった。逆にそのような精神風土のない韓国からは、この光景は「不思議なもの」と見られた。家庭を持つふつうの主婦が、特定の男優や歌手のファンになって、コンサートやファンミーティングに頻繁に出掛け、大量のお金を消費するという文化が韓国にはない。しかし日本には、歌舞伎役者や歌手などのファンの層がぶあつく存在し、いちどファンになったら長期間にわたってとことんその対象を尊敬しつづける、という文化がある[11]。

しかしそのようなファンに対しては、「贔屓【ひいき】」というプラスの概念と、「ミーハー」というマイナスの概念がある。前者は伝統芸能などにおける特定個人への崇拝をこめた傾倒を指し、後者は大衆文化における反知性的な熱狂を指す。

「嫌韓」派は「韓流」ファンを、「ミーハー」と認識した。知性の欠如した、反主体的な存在だとして軽侮したのである。しかし前述したように、特に初期の「韓流」ファンは知性的な傾向を持っていた。したがって「韓流」ファンを「ミーハー」と軽侮する「嫌韓」派の認識は間違っている。だがそのように蔑視することで、「韓国の俳優

11) 韓国人研究者が「ファンダム」という言葉を使って、韓国大衆文化がそのような「女性ファン」たちを「創出」したのだ、というナショナリスティックな「分析」を行なったが、このような視座には日本の大衆芸能の世界観に対する無知が介在している。

や歌手を崇拝するという前代未聞の出来事」に対してなんとか精神的な優位性を保持しようとしたのかもしれない。

b.「韓流」のコンテンツ自体に対する軽蔑。

これは、ネット空間における「嫌韓」派の一定部分(すべてではない)がいわゆる「オタク」であると推定されることと強い関連がある。「韓流」はその最初期に、たしかに日本の中高年ファンの心をしっかりととらえた。しかし、「冬のソナタ」をはじめとする韓国ドラマは、日本の目の肥えたサブカルチャーファンからは当初、奇異の目で見られた。ドラマツルギーの古さ、世界観の古さ、演出の古さ、細部のつくりこみの甘さなど、ありとあらゆる要素が「古い」「ダサい」「杜撰」という価値を持って語られた。

たしかに日本のオタク的な感性からしてみれば、韓国ドラマの世界はすべて古くさいものに見えたであろう。だが、ドラマツルギー、世界観、演出などすべてにおいて、韓国ドラマは日本のオタクが見知っている世界とは異なる、「もうひとつの魅力」を打ち出していたのである。ポストモダン以降の日本人の一定部分が、ポストモダン的な価値観に魅力を感じることができずにいた。その事実を見過ごしたまま、日本のマスメディアはポストモダン的な価値の供給に焦点を合わせすぎた。そのことへのプロテストとして、「韓流」は日本社会において正の価値として機能したのである。

だが、日本のポストモダン的感性は、韓国ドラマを代表とするコンテンツを奇異なものとしてとらえ、質の低いものとして解釈し、軽蔑した。このような構図のもと、「嫌韓」派から見ると、「韓流」ファンは古くさくて質の低い作品に熱狂する、得体のしれない反知性的な人びとなのであった。

5. 終わりに

これまで見てきたように、「嫌韓」という現象は、その形成の背景も主張の内容も、多様で複雑である。

ただ、たしかなことは、これは「戦後日本」というレジームに対するアンチテーゼという性格を持っていることであり、それゆえに現在の安倍晋三政権と親和性があるのは事実だが、そのことを以て単純にこれを「保守反動」と規定するのは間違っている、ということである。安倍晋三政権の支持者も「嫌韓」派も、自分たちは「戦後日本」という虚偽に満ちたレジームを変革する革新者だと考えている。その意味で、「日韓友好フレーム」こそリベラルな反日＝反動の世界観だとされているのである。

「嫌韓」派の主張を全面的に間違っていると考えてはならない。むしろ、「左翼やリベラルが情緒的･イデオロギー的に把えてきた日韓関係を、リアリズムやファクトにもとづいて正していく」という正の側面がある。だからこそ多くの日本人がこの「嫌韓フレーム」に吸引されているのである。これを「邪悪な侵略主義の復活」だとか「民族差別主義者の妄言」という形で封じ込めようとするなら、逆にますます「嫌韓」派は勢いを強めるであろう。

とはいえ、「嫌韓」派の主張や心情の多くは、「事実の総体」によって構築されているというよりは、「自分たちが見たい事実のみ」によってつくりあげられているものである。この意味で「嫌韓フレーム」もまた、左翼による歴史観･韓国観と同じく、虚偽の構造物であることはあきらかだ。

この背景には、東アジアにおいてわれわれがいまだに、「事実の総体」によって歴史像や他者像や自己像を構築することに成功していない、という問題が横たわっている。東アジアにおけるどの国家のどの陣営も、自分たちにとって都合の良い「事実らしきもの」を収集して自分たちに都合の良い歴史や他者像や自画像をでっちあげているにすぎないのである。

「嫌韓フレーム」は、そのような東アジアの虚偽の像たちのはざまに現われた、正義感に満ちて吸引力はあるが、それゆえに悲しいひとつの空虚な楼閣なのである。

저 자 ▌오구라 기조(小倉紀蔵)

도쿄대학 문학부 독일문학과 졸업, 서울대 철학과 박사과정 단위취득. 도카이대학 조교수를 거쳐 현재 교토대학 교수(총합인간학부, 대학원 인간·환경학연구과)로 재직 중이다. 전문분야는 한반도의 사상·문화, 동아시아 철학이다. NHK 한국어 강좌 강사, '한일 우정의 해 2005' 실행위원, '한일교류축제' 실행위원 등을 역임하기도 했다.

〈주요 저서〉

『韓国は一個の哲学である』, 『韓国人のしくみ』, 『韓流インパクト』, 『歴史認識を乗り越える』, 『韓国、ひき裂かれるコスモス』, 『心で知る、韓国』, 『韓国、愛と思想の旅』, 『おれちん』, 『日中韓はひとつになれない』, 『ハイブリッド化する日韓』, 『創造する東アジア 文明·文化·ニヒリズム』, 『〈いのち〉は死なない』, 『朱子学化する日本近代』, 『新聞·テレビが伝えなかった北朝鮮』(共著), 『入門 朱子学と陽明学』, 『新しい論語』, 『現代韓国を学ぶ』(共著) 등.

역 자 | 한정선

한양대학교 일어일문학과 졸업.
도쿄대학 총합문화연구과 비교문학비교문화전공 석사, 박사.
현재 한양대학교 일본언어문화학과 강사.

IJS 서울대학교 일본연구소
Reading Japan 17

일본의 혐한파는 무엇을 주장하는가

日本の嫌韓派は何を主張しているのか

초판인쇄 2015년 04월 21일
초판발행 2015년 04월 30일

기 획 서울대학교 일본연구소
저 자 오구라 기조(小倉紀蔵)
역 자 한정선
발 행 처 제이앤씨
발 행 인 윤석현
등 록 제7-220호

주 소 서울시 도봉구 우이천로 353 성주빌딩 3F
전 화 (02)992-3253(대)
전 송 (02)991-1285
편 집 최현아
책임편집 김선은
전자우편 jncbook@hanmail.net
홈페이지 http://www.jncbms.co.kr

ISBN 978-89-5668-198-6 03910 정가 7,000원